真實案例、警世名言、逆勢妙招，
二十四堂財富課讓你成為有錢人最稱讚、貧凡人最崇拜的後天財神！

厚財富

就是這麼簡單

U0087371

貧窮不是上帝的旨意，人人都有致富的權利！

既然無法投胎成富二代，那就開創你的財富時代

總愛抱怨生不逢時，根本就是在為平庸找藉口！
總說自己安貧樂道，其實只是沒能力成為富翁！
總是幻想有富爸爸，難怪機會從來都不屬於你！
總在妄圖平步青雲，就等著眼看存摺逐漸為零！

丁政，李倩 著

目 錄

第 01 堂課　夢想 —— 財富啟航的地方

貧窮不是上帝的旨意 ···································· 10

人人都有致富的權利 ···································· 13

成功，從停止抱怨開始 ·································· 16

第 02 堂課　奮鬥 —— 對自己狠一點

別人做 8 個小時，我就做 16 個小時 ············ 20

三分天注定，七分靠打拚 ·························· 22

努力是一輩子的事情 ···································· 25

第 03 堂課　執著 —— 我們無路可退

寒冷時，用左手溫暖右手 ·························· 30

執著，但不要執迷 ······································ 31

失敗不是成功之母 ······································ 34

第 04 堂課　知識 —— 想富口袋，先富腦袋

書中自有黃金屋 ··· 38

知識是永恆的財富 ······································ 41

從「知者」變成「智者」 ·························· 43

第 05 堂課　形象 —— 是素養，也是財富

形象決定印象，印象決定成敗 …………………………… 48

你的微笑值百萬美金 ………………………………………… 50

有一種形象叫素養 …………………………………………… 53

第 06 堂課　眼力 —— 慧眼就是銀根

發現財富的祕密 ……………………………………………… 58

盯緊顧客的櫻桃樹 …………………………………………… 60

先知先覺，先行先為 ………………………………………… 63

第 07 堂課　口才 —— 生意是談出來的

投其所好，話到錢來 ………………………………………… 68

少傾訴，多傾聽 ……………………………………………… 70

能說還要會問 ………………………………………………… 73

第 08 堂課　選擇 —— 選對池塘釣對魚

當興趣遭遇金錢 ……………………………………………… 80

沒有錢的地方錢最多 ………………………………………… 83

複製成功也是成功 …………………………………………… 86

第 09 堂課　人品 ── 小勝憑智，大勝靠德

人品決定產品，產品決定品牌 ……………………………… 90

先做朋友，再做生意 ………………………………………… 92

大家好才是真的好 …………………………………………… 95

第 10 堂課　脾氣 ── 脾氣不改，事業封頂

別把財富嚇跑 ………………………………………………… 100

管好你的壞脾氣 ……………………………………………… 102

善戰者不怒，善怒者不富 …………………………………… 105

第 11 堂課　踏實 ── 積跬步，致千里

放下幻想，面對現實 ………………………………………… 110

先做小事，先賺小錢 ………………………………………… 113

先掃身邊，再掃天下 ………………………………………… 114

第 12 堂課　專注 ── 一生只做一件事

盯緊你的「土撥鼠」 ………………………………………… 120

修練自己的「一技之長」 …………………………………… 122

專注成就專業，專業成就專家 ……………………………… 125

第 13 堂課　整合 ── 人人都有第一桶金

沒有資源就整合資源 ··· 130

整合一切資源，挖掘所有可能 ······················ 133

同流才能交流，融合才能整合 ······················ 135

第 14 堂課　借力 ── 乘勢而起，借力而行

借勢是成功路上的唯一捷徑 ························· 140

沒有船就借船出海 ······································· 142

借力使力，事半功倍 ··································· 143

第 15 堂課　逆勢 ── 別按常理出牌

人棄我取，人取我與 ··································· 146

所有人都不玩了再衝進去 ····························· 148

像富翁一樣思考，像智者一樣分析 ············· 151

第 16 堂課　機遇 ── 財富路上的轉折點

機遇青睞有準備的人 ··································· 156

發現機遇，經營機遇 ··································· 158

危機就是危險中的機遇 ······························· 161

第 17 堂課　速度 —— 人生就是一場大火

速度，速度！ ……………………………………………… 166

今天不猶豫，明天不後悔 ………………………………… 168

別讓拖延把你拖垮 ………………………………………… 170

第 18 堂課　冒險 —— 撐死膽大的，餓死膽小的

永遠走在前面 ……………………………………………… 172

膽大妄為才能大有作為 …………………………………… 174

成功細中取，富貴險中求 ………………………………… 175

第 19 堂課　謹慎 —— 小心駛得萬年船

跑得快不如走得穩 ………………………………………… 180

不許失敗，永遠不許失敗 ………………………………… 181

防人之心不可無 …………………………………………… 183

第 20 堂課　節儉 —— 別拿小錢不當財富

省一塊錢等於賺一塊錢 …………………………………… 186

從「以力賺錢」到「以錢賺錢」 ………………………… 188

沒有省出來的富翁 ………………………………………… 191

第 21 堂課　人才 ── 你身邊的金山

得人才者得天下 ··· 196

讓合適的人做適合的事 ·· 199

要人才，還是要錢財 ·· 202

第 22 堂課　管理 ── 企業永恆的主題

你不是一個人 ··· 208

管理無情人有情 ·· 210

偉大者在於管理自己 ·· 213

第 23 堂課　愛心 ── 愛心就是生產力

關心錢，還是關心人 ·· 216

你憑什麼讓人以公司為家 ······································ 218

拿什麼奉獻給他，你的員工 ··································· 220

第 24 堂課　境界 ── 看重・看淡・看開

站著，還是跪著 ·· 224

求財，還是求福 ·· 225

要錢，還是要命 ·· 228

名言佳句

第 01 堂課

夢想 —— 財富啟航的地方

▎貧窮不是上帝的旨意▎

發財！富起來！做個有錢人！這是現代人想都不用想的問題，因為做窮人實在不爽。

金錢並不等同於財富，但這絲毫不影響世人對它的喜愛和追求。美國作家索爾‧貝婁（Saul Bellow）說，「金錢是唯一的陽光，它照到哪裡，哪裡就發亮。」我們可以不認同這種近乎拜金主義的思想，但我們必須認同一點，那就是：不管金錢是不是陽光，沒有它的照耀，誰的人生也亮不到哪裡去。

致富沒什麼不好。有錢，不僅是成功的象徵，也是人們獲得高品質生活的保證。問題是，怎麼才能致富？為什麼大多數人富不起來？

答案說出來你可能不信：很多人根本沒有致富的打算。古人云：「心想事成」，想都沒想過，怎麼可能成功？古人又云：「事實勝於雄辯」，下面我們就用事實來說話：

美國人約翰‧富勒（John Fuller）出身於黑人佃戶之家，他從 5 歲就開始「工作」，9 歲時已經會趕騾子。不過這一點也不稀奇，因為在當時，幾乎所有出身佃戶家庭的黑孩子都是從很小的時候就參加勞動的。長期的貧窮生活，也讓他們習慣了貧窮，對貧窮非常認命。

好在富勒有個不認命的母親，她始終相信黑人也應該像那些白人一樣過快樂且衣食無憂的生活。她經常和兒子談自己的理想，告訴他「我們不應該這麼窮，不要說貧窮是上帝的旨意，我們很窮，但不能怨天尤人，那只是因為你爸爸從未有過改變貧窮的欲望，你的幾個哥哥姐姐也胸無大志。」

這些話從小就扎根在了富勒的心中，並且改變了他的一生。他一心想躋身富人之列，並且認準了自己的致富道路 —— 向每家每戶推銷肥皂，

一做就是 12 年。12 年後，他得知供貨的公司即將以 15 萬美元的底價被拍賣，便找到公司負責人談判，用自己僅有的 2.5 萬美元付了訂金，向對方保證在 10 天之內籌足餘下的 12.5 萬，並且約定一旦逾期未補足餘款，他的訂金將被沒收。

但是直到第 10 天晚上，富勒卻只籌到了 11.5 萬美元，而且他已經找遍了所有能借錢的人。「當時我已經想盡了所有的辦法」，多年以後他回憶道：「我跪下來祈禱，請求上帝指引我找到一個能夠在時限內借給我 1 萬美元的人。祈禱之後，我鼓起勇氣走出房間，告訴自己到街上去找 —— 只要看到一家亮著燈光的商鋪，就進去請求協助。」

幸好，我看到一位承包商的辦公室裡還亮著燈，便鼓起勇氣走進去，直截了當地問他：「您想不想賺 1 萬美金？」

「想，當然想。」

「那麼請您借我 1 萬美金，我會連本帶利外加 1 萬美金的紅利還給你。」富勒簡明扼要地向對方說明了自己的計畫，見有利可圖，而且風險可以控制，那位承包商並沒考慮太久就答應了他！

富勒拿著 1 萬美元的支票踏出了承包商的辦公室，也踏上了自己的成功之路。之後，他陸續收購了另外 7 家公司。當談及自己成功的祕訣時，他用多年前母親的話回答人們說：「我們很窮，但不能怨天尤人，那是因為爸爸從未有過改變貧窮的欲望，家中每一個人都胸無大志。雖然我不能成為富人的後代，但我可以成為富人的祖先。」

富勒用自己的親身經歷，為不甘平庸也不甘貧窮的我們傳達了這樣一種理念：出生的貧窮不叫窮，沒有積極的心態、不想改變現在貧窮狀況的人，才是真正的窮人。

有人說：「平平淡淡就是福。」其實，心態上的平淡與行動上的積極

並不抵觸。對待財富，人應該有個好心態，但一個餓著肚子、囊中羞澀的人，想來也幸福不到哪裡去。我們生活在現實的社會，喝杯水都要錢，不努力，不奮鬥，平淡拿什麼去保證？

有些人喜歡拿「安貧樂道」做擋箭牌。其實我們也不反對安貧樂道，我們只是想提醒大家，安貧可以樂道，致富也並不影響樂道。「身無分文，心憂天下」的仁者情懷固然好，但捐個幾十上百萬給需要幫助的人們，也沒什麼不好。

無須諱言，很多人所謂的安貧樂道，實際上是吃不到葡萄說葡萄酸。如果一個人真的安貧樂道，那他就不應該讓自己的臉上寫滿苦難和滄桑，嘴上還要不停地抱怨。

退一步講，或許真的是現實生活中的某些不平等因素，導致了某些人的貧窮現狀，但抱怨有什麼用？比爾蓋茲（Bill Gates）說過：「生活是不公平的，你必須適應它。」注意，這裡的適應不是消極的適應，而是積極的改造。王侯將相尚且無種，更不會有人生來就注定貧窮。

很多人不知道，人類在 20 世紀最偉大的發現就是：一個人的思想意識能夠控制他的行為。你怎樣思考，你就會怎樣行動，你覺得自己會怎樣，你自己也就會怎樣。改造貧窮，首先要有致富的信念。應該說，許多人都曾經想過要賺錢，要富裕，但他們只是想想而已。想想不是信念。已故的哲學大師約瑟夫・墨菲（Joseph Murphy）在他最知名的著作《想有錢就有錢》（*Think Yourself Rich*）中說：「想得到財富，首先必須要將財富的觀念送入潛意識，不論何時何地，心中先相信你會有很多財富。」如何把財富的觀念送入潛意識呢？他的做法是在自己身心輕鬆的時候，不斷地唸幾遍下面的話：「我非常喜歡錢，我愛錢，我見到錢就高興。我希望錢能增加幾倍再回到我的錢包裡。錢實在是好東西，它會向我的錢包裡源源不

斷地流進，我一定會將它用在適當的地方，我將為此而感激。」

不妨一試。

‖ 人人都有致富的權利 ‖

網路有個小笑話：

某公園裡，一個乞丐無憂無慮地躺在躺椅上，一旁放著他討飯用的破碗。

突然，一位穿戴整齊的律師來到乞丐面前，掏出一份文件，畢恭畢敬地說：「您好，先生，您的一位遠房親戚前不久因病去世，他去世前曾立下遺囑，將 500 萬美元的遺產都留給了您，現在請您在這份遺囑上簽上您的大名。」

乞丐喜不自禁，手忙腳亂地爬起來，龍飛鳳舞地簽上自己的名字，瞬間完成了向千萬富翁的蛻變。

聞訊而來的丐幫兄弟們羨慕地問他：「得了這麼一大筆遺產，你準備做點什麼？」

他得意洋洋地答道：「首先，我要買一個新碗，以後要飯時，可以顯得文雅點；然後我要雇兩個保鏢，我看以後再要飯時，誰還敢再欺負我！」

現實生活中的我們或許也是這樣。你有沒有想過：有朝一日，等自己有了錢，會做些什麼？有些人曾經想過，但也僅僅是想想而已，而且往往是一邊想一邊搖頭：算了吧！明天的早餐還不知道在哪裡呢？還想環遊世界，跟李嘉誠打高爾夫？真是做白日夢！

這樣想著，我們便連夢都不敢做了；這樣想著，我們便只剩下了把貧窮堅持到底這一條路了。

　　其實做夢沒什麼不好，它至少可以讓你在發橫財時有個心理準備，不得「心病」。我們不僅要做夢，還要做美夢，更要有把夢想變成事實的信心。比爾蓋茲說過，「人人都有致富的權利」，當然，對他的家人來說，每個人還有致富的義務和責任。你或許境界比較高，安貧樂道，視金錢如糞土，但老兄你是不是也該為自己的身邊人想一想？

　　看看身邊那些有錢人，他們是力氣比我們大，還是腦細胞比我們多？除了追求財富的欲望和信念更強烈一些，他們並沒有什麼過人之處。至少我們以前都是這麼說的：這小子，要哪裡沒哪裡，也混了個人模狗樣……

　　別羨慕嫉妒了，好好用自己的權力，盡自己的義務吧！

　　有人打過一個比喻：賺錢就像追女朋友一樣。一個男人，通常一定是先產生「那個女孩真漂亮……真想認識她」的欲望，才會展開下一步行動，引起她的注意，邀請吃個飯、看個電影什麼的……如果他只是手托下巴，呆坐窗前，腦袋裡滿是那位女孩美麗的容顏、高雅的氣質……整日浮想聯翩，想入非非，他是永遠也不可能認識她的。你不要怕碰釘子，你要勇敢地試試看。你試了，至少有 50% 的機會；如果不試，想破腦袋也是白想。賺錢也是這樣，需要勇氣，需要嘗試，否則鈔票在你身旁滿天飛，你反而會擔心被砸破腦袋。

　　這裡並不是要灌輸拜金主義，而是傳達一種致富的理念。對致富的強烈願望，是富裕的基礎。每天重複著沒有熱情的日子，溜溜達達，混個零花，稍有存款，時有欠債，你是永遠無法改變現狀的。你想成為富人嗎？先改變自己的心態，因為就像哲人所說的那樣 —— 你只能成為你頭腦中的你。

　　人稱「美國孔子」的拉爾夫・沃多・愛默生（Ralph Waldo Emerson）說過：「一個人就是他整天所想的那些。」發明大王湯瑪斯・愛迪生

(Thomas Edison) 也曾經說過：「許多人奇怪，我怎麼能夠發明那麼多東西。道理很簡單，我只是充分利用我的潛意識而已。我會徹底地思考每一個問題，如果得不到答案，就把它交給潛意識，不斷告訴自己『我一定要成功，改善生活是我的責任』，這樣堅持下去，答案就會自然地跳出來。」

很顯然，愛默生和愛迪生是在告誡我們：要想取得成就，首先得擁有積極的心態。有些人或許會不屑：積極的心態，我有啊！我也想改善生活，可是我為什麼沒成功？其實，根據心理學家統計，生活中真正稱得上心態積極的人至多不超過 5%。換句話說，大約 95%的人都或多或少有消極傾向。

怎樣判斷自己是消極還是積極呢？首先要看自己的心有多大。

當年，曾經的亞洲首富、軟銀集團總裁孫正義，剛剛 19 歲時就規劃好了自己的一生：30 歲以前，要成就自己的事業，光宗耀祖；40 歲以前，要擁有至少 1,000 億日元的資產；50 歲之前，要做出一番驚天動地的偉業……軟銀初創業時，只有兩名員工。上班第一天，孫正義站在一個裝蘋果的箱子上，向兩位員工宣誓說：「我叫孫正義，25 年之後，我將成為世界首富，我的公司營業額將超過一百兆日幣！」—— 那兩位員工聽了以後，立刻辭職不做了。他們都以為老闆瘋了。對此，成功後的孫正義曾經坦言，「最初所擁有的只是夢想和毫無根據的自信而已，但是所有的一切都從這裡開始。」

∥成功，從停止抱怨開始∥

你現在的狀況並不決定你的未來。我在大學的時候，我的同學有部長的兒子、有大學教授的女兒，而我卻是一個農夫的兒子，你會發現你總趕不上同學的狀態，即使他們停下來一輩子什麼都不做，他們所擁有的東西都比你多。比如大學一年級的時候，班上那個部長的孩子，每週五都有開著賓士 280 的司機把他接回去。你想我們那個時候連自行車都買不起，他居然坐著賓士 280，那是一種什麼樣的感覺。你感到這輩子基本就完蛋了。但是我們一定要記住一個真理，生命總是往前走的，我們要走一輩子，你唯一能做的就是堅持走下去。所以我非常驕傲地從一個農夫的兒子走到大學，最後又走到了今天。

某科學研究部門曾經進行過一項社會調查，調查結果顯示：生活中至少有 1/4 的人認為自己比周圍人窮。在談到貧窮的原因時，人們往往把原因歸咎於社會大環境因素，如社會制度和社會風氣等；而不是將其歸咎於個人層面的原因，特別是個人因素，如自己是否努力，是否具備必要的知識和專業技能等。

這就是所謂的怨天尤人了。坦白的說，老天和某些人在很多時候做得確實不太公平，但這並不意味著你可以將自己的失敗歸咎於社會，尤其是社會制度。美國的社會制度好嗎？不也有成百上千萬的失業人口嗎？任何社會、任何制度都有它的優越性，同時有其弊端。而且當今世界，任何一種社會制度，最終都逃脫不了優勝劣汰、適者生存的叢林法則。一個人，如果總是怨天尤人，從不檢討自己，即使把他放到天堂，對他也是一種放逐。相反，一個懂得面對現實，懂得鼓勵自己時刻保持積極心態，並且肯為自己的理想付出不懈努力的人，他哪怕笨一點，慢一點，最後終將會成功。

　　眾所周知，華人首富李嘉誠成功前也是個窮小子。每天和窮同事們一起工作，李嘉誠發現，自己所看到的窮人，並不像某些文學家在文章中所讚美的那樣，安貧樂道，淡泊慈悲，而是心中大都充滿了嫉妒和憤慨。對於經濟狀態轉好的同事，除了嫉妒之外，大夥還會串通一氣詆毀他。雖然窮人有時也會相互幫忙，做些善事，但他們絕不希望自己的同伴出人頭地，脫離貧窮的圈子。而那些比較富裕的人，或許有些為富不仁，但他們大都喜歡聽別人成功的故事，樂意為他們慶幸，並從中吸取經驗，以為己用。

　　這樣看來，窮人其實是窮在了理念上。對於賺錢，他們缺乏積極樂觀的心態；對於有錢人，他們懷著一種病態的成見。他們寧願把時間花在抱怨世道、詛咒富人上面，也不願意相信自己有朝一日也會致富，更不願意從自身出發，尋找導致貧窮的原因和擺脫貧困的方法。

　　其實，「人無常富，家無久貧」。古今，從士兵到將軍，從窮小子到富豪，從窮和尚到皇帝，「脫貧致富」的案例不勝枚舉。「紅頂商人」胡雪巖、「經營之神」王永慶、臺灣首富郭台銘……無數個我們耳熟能詳的企業家，他們都曾經貧窮乃至赤貧過，但貧窮不可怕，可怕的是一個人不知道自己為何而窮，不願意從自身找問題，不肯向富人學習，只知道嫉妒憤慨。這樣的人，不僅是永遠的窮人，而且窮得不值得可憐。

　　美國石油大王約翰‧約翰‧戴維森‧洛克斐勒（John Davison Rockefeller）是歷史上首位億萬富翁，他曾經在家信中用一件少年往事開導兒子小洛克斐勒：

　　「我的兒子，你或許還記得，我一直珍藏著一張我中學同學的多人合照。那裡面沒有我，有的只是出身富裕家庭的孩子。幾十年過去了，我依然珍藏著它，更珍藏了拍攝那張照片的情景。」

「那是一天下午，天氣不錯，老師告訴我們說，有一位攝影師跑來要拍學生上課時的情景照。我是照過相的，但很少，對一個窮苦家的孩子來說，照相是種奢侈。攝影師剛一出現，我便想像著要被拍入鏡頭的情景，多點微笑、多點自然，帥帥的，甚至開始想像如同報告喜訊一樣回家告訴母親：「媽媽，我照相了！是攝影師拍的，棒極了！」

「我用一雙興奮的眼睛注視著那位彎腰取景的攝影師，希望他早點把我拍進相機裡。但我失望了。那個攝影師好像是個唯美主義者，他直起身，用手指著我，對我的老師說：『你能讓那位學生離開他的座位嗎？他的穿戴實在是太寒酸了。』」

「我是個弱小還要聽命於老師的學生，我無力抗爭，我只能默默地站起身，為那些穿戴整齊的富家子弟製造美景。在那一瞬間我感覺我的臉在發熱。但我沒有動怒，也沒有自哀自憐，更沒有暗怨我的父母為什麼不讓我穿得體面些，事實上他們為我能受到良好教育已經竭盡全力了。看著在那位攝影師調動下的拍攝場面，我在心底握緊了雙拳，向自己鄭重發誓：總有一天，你會成為世界上最富有的人！讓攝影師為你照相算得了什麼！讓世界上最著名的畫家為你畫像才是你的驕傲！我的兒子，我那時的誓言已經變成了現實！在我眼裡，侮辱一詞的詞義已經轉換，它不再是剝掉我尊嚴的利刃，而是一股強大的動力，如同排山倒海，催我奮進，催我去追求一切美好的東西。如果說是那個攝影師把一個窮孩子激勵成了世界上最富有的人，似乎並不過度。」

第 02 堂課
奮鬥 ── 對自己狠一點

‖別人做 8 個小時，我就做 16 個小時‖

　　香港首富李嘉誠的勤奮是人所共知的，也是人所佩服的，更是值得每一個年輕人學習並身體力行的。

　　最初，李嘉誠在一家茶樓做夥計。為了早起，李嘉誠把鬧鐘調快 15 分鐘，每天總是最早一個趕到茶樓。然後就是拎著大茶壺上上下下來回跑，一天十多個小時下來，腿腫腳脹，渾身僵硬。在做好本職工作之餘，李嘉誠喜歡觀察三教九流各色顧客，並根據他們的外貌、言語去揣測他們的籍貫、年齡、職業、收入和性格等等，然後找機會巧妙地驗證。就這樣，李嘉誠很快對茶樓每一位顧客的消費習慣瞭若指掌，所以什麼時候該給哪位客人上什麼食物，提供什麼服務，他都能做得恰到好處。客人非常滿意，自然成了茶樓的常客。李嘉誠也因此成了茶樓加薪最快的夥計。

　　考慮到茶樓工作前景有限，一年後，李嘉誠進了舅舅開的中南鐘錶公司。舅舅並不以他是自己的外甥就有所照顧。李嘉誠從學徒做起，僅用了半年時間，就學會了各種型號的鐘錶的裝配及修理。此外，他還負責掃地、煲茶、倒水、跑腿，既伶俐又勤快，很快就贏得了同事們的好感。

　　17 歲時，勇於挑戰的李嘉誠做了一個走街串巷的銷售員，主要是推銷五金廠生產的鐵桶。當時公司一共有 7 名銷售員，數李嘉誠最年輕、資歷最淺。另外幾位都是經驗豐富的老手，有自己固定的客戶資源。這完全是一種不在同一起跑線上的競爭，但李嘉誠不想輸給任何人。他暗自給自己定下目標：3 個月內，做得和別人一樣出色；半年後，超過他們！並不強壯的李嘉誠每天咬著牙，背著大包四處奔波，馬不停蹄地走街串巷，尋找客戶。好在他在做茶樓跑堂時，練就了腿功和腳力，也練就了善於察言觀色的本領。在與客戶交往時，他很快就能根據客戶的反應判斷成交的可能，並採取相對的對策。經過一段時間的努力，他的銷售額在所有的銷售

員中遙遙領先，高達第二名的 7 倍！一年後，李嘉誠就做了部門經理，兩年後又當上了總經理。回憶那段時光，李嘉誠說：「開始別無他法，只能以勤補拙。別人做 8 個小時，我就做 16 個小時。」

1950 年夏天，李嘉誠看準形勢，離開待遇優厚的塑膠廠，用平時省吃儉用積蓄的 7,000 美元創立了長江塑膠廠。由於資金有限，他只能把廠房租在了偏僻的位置，廠房破舊不堪，沒有一扇窗戶是完好的，屋頂到處露著天光，一到雨天就嘩嘩漏雨。就連廠房的壓縮機也是破舊的二手貨。唯有掛在門中的「長江塑膠廠」的牌子是新的。但這並沒有讓李嘉誠感到片刻的沮喪，他躊躇滿志的開始了嶄新的事業。

創業初始，李嘉誠身兼數職，既是老闆，又是操作工、技師、設計師、銷售員、採購員、會計和出納。由於交通不便，每天一大早，李嘉誠就外出推銷或採購。但他從不搭計程車，路遠就坐公車，路近就靠兩條腿。中午，李嘉誠匆匆趕回筲箕灣，先檢查工人們上午的工作情況，然後和工人一道吃簡單的工作餐。下午要麼和工人一起工作，要麼繼續外出連繫銷路。晚上還要查資料、收集資訊、記帳、記錄銷售情況、規劃產品市場區域、設計新產品的模型圖、安排第二天的生產……有一次，在接受記者專訪時，李嘉誠這樣講解自己的創業與成功：「成功實際上是相對的。創業的過程，實際上就是恆心和毅力堅持不懈的發展過程。這其中並沒有什麼祕密，但真正做到格言所說的『勤』和『儉』並不容易。我自己從創業開始到 1963 年這一二十年來，平均每天工作 16 個小時，而且每星期至少有一天是通宵達旦的……」

不用我們多說，相信大家早就看出了這個道理：「超人」也不是天生的，他也是靠後天的努力一步一步走到財富之巔的。不要說什麼「命中注定」，即使有，那也是命運對他的勤奮的回報。

│三分天注定，七分靠打拚│

有這樣一種觀念：成功講究天時、地利、人和。自己有才能，沒有機會不行。機會的得來，就是天時，但有機會，還得有人推動，這就是人和。家長是主管、軍官等階層的，機會多，成功的條件多，往往一句話頂上千軍萬馬，想到什麼公司就到什麼公司，想當什麼主管就能當什麼主管。有錢人的子女，多是貴族學校出身，才能有點，錢多點，老爹認識的主管多點，至少安排個工作很簡單，出頭的機會有，但當不上大主管，因為主管不會讓他凌駕於自己頭上。成功靠背景，成功看出身，這是絕對的嗎？

其實，凡是成功了的都不一定是英雄豪傑，沒有成功的也不是永遠的平民百姓，社會裡人才輩出，從來都不分高低貴賤。現實生活中，充滿著挑戰，充滿著機遇，對於每個人來說都是公平的競爭。如果你盡心盡力地面對每一次挑戰，抓住每一次機遇，努力地掌握也許會帶給你出乎意料的驚喜。

有哲人說：「如果你不想受挫折，那麼除非你夭折。」這句話雖然殘酷，但卻是現實人生的真實寫照。人生雖然並不像某些弱者說的那樣舉步維艱，但人生之旅充滿了無數的挫折關卡，卻是誰都無法否認的事實。但是不要忘了，哲人的本意卻是讓我們正視挫折，挑戰挫折。就像拿破崙‧希爾（Napoleon Hill）說的那樣：「失敗絕不是致命的，除非你認輸。」雖然追求成功和財富的路上有著千難萬險，但是只要越過難關，你必然會收穫「一覽眾山小」的心曠神怡。因此，但凡想做大事創大業賺大錢的人，無論是男人女人，都應該對自己狠一點，再狠一點。

1973 年，由於中東爆發了石油危機，使得能源嚴重依賴進口的香港經濟遭到重創，一時間百業凋敝，失業人群陡增。正所謂「幾家歡喜幾家愁」，困惑之餘，人們只好向預測學大師們求助。

這一天，旺角一家著名的命相館迎來了一位男客，只見他蓬頭垢面、滿面愁容，還有一手的油汙，大約 50 歲上下。他誠懇地請大師為自己指點迷津，趨吉避凶，誰知大師看了半晌搖搖頭說：「你的命相與富貴無緣。你應該踏實下來找份工作，做個打工仔 —— 你不適合創業。」

換了一般人，一定會意志消沉地聽從大師的建議，但他卻不，大師的話反倒激發了他的鬥志，最終他憑著超乎常人的信心和毅力，扭轉了逆境，成了一位不折不扣的「造命人」。他就是香港震雄集團的創辦人蔣震先生。

當時的蔣震，舉目無親、身無分文，也沒有一技之長，為了生存，他先後做過很多苦力活，甚至不得不去日本為美軍做海外勞工。十數年間，蔣震與家人都過著朝不保夕的生活。直到一個偶然的機會，他被鄰居介紹進入了香港飛機工程公司工作。

蔣震非常珍惜這次機會，他邊做邊學，買了很多關於機器操作與維修的書籍，經常是一看就看到半夜，不斷地充實自己。後來，他離開了公司，進入一家美國人開設的「石利洛」飛機零件生產公司當總管。在那裡，蔣震接觸了更多的機器知識，也學到了不少管理知識。

然而好景不常，「石利洛」被捷和集團接手，蔣震丟掉了工作。但此時的蔣震早已今非昔比，經過籌劃，他與友人譚雄於 1958 年創辦了一個小型修理機械零件工廠，取名「震雄」。

可惜的是，由於他們資本有限，生產技術也很落後，因此他們生產的機器很快便被市場所淘汰。見此情景，譚雄心灰意冷，便退出了自己的股份。

單槍應戰的蔣震卻沒有被挫折嚇退，在一無資金、二無人脈的情況下，他只能對自己狠一點，更狠一點，每一天他都有 20 個小時在工廠度

過，甚至數日都不回家，連續工作。經過數年如一日的鑽研，蔣震的汗水終於有了回報。1965 年，「震雄」推出的螺絲直射注塑機榮獲了中華廠商會第 24 屆展覽會「最新產品榮譽獎」，一舉打下了自己的地盤。1971 年，「震雄」又推出了全油壓增壓式螺絲直射注塑機，備受各大廠商歡迎，「震雄機器」成了響噹噹的工業品牌。

但是老天注定要給成大事者更多的挫折，就在蔣震準備大展拳腳的時候，1973 年，受中東石油危機影響，香港的塑膠業首當其衝，數十家工廠先後倒閉。「震雄」也受間接影響欠下了銀行 200 萬港幣的貸款，被逼還債。於是就出現了本篇開頭蔣震下馬問前程的一幕。

從命相館回來後，蔣震再次迸發出一股狠勁。他先是找到銀行交涉，最終獲准將存貨與機器出售後按月還貸。接下來，蔣震便扎根在了廠裡，每天工作 20 個小時，竭盡全力應對危機。結果 3 個月後，他便償還了 100 多萬港幣貸款。銀行見他信譽良好，也沒有進一步追討欠款，「震雄」贏得一個寶貴的喘息之機。經濟復甦之後，它便一飛沖天，業務蒸蒸日上。今天的「震雄」，業務遍及全球 40 多個國家和地區，營業額高達數億元每年。

蔣震的創業事蹟恰到好處地印證了我們的開篇之語：失敗非常正常，失敗並不可怕，最可怕的是不能在失敗中奮起。如果你是雄鷹，你遲早會搏擊長空；如果你是駿馬，你必然能馳騁萬里；如果你是鑽石，你總有一天會發出炫目的光芒。

所以，要對自己狠一點，要感謝並回敬那些生命中的苦難和壓力。經歷了挫折的洗禮，你才能變得更強大；勇於給失敗迎頭一擊，你才能更進一步地接近成功。

∥ 努力是一輩子的事情 ∥

有一個美國人，6 歲時父親就離開了人世。為了養活他和弟妹，母親白天為食品廠削馬鈴薯，晚上為別人縫衣服。小小年紀，他就挑起了照顧弟妹的重任。

12 歲那年，母親改嫁他人，但他和繼父的關係非常糟糕。

13 歲時，他索性輟學離家，四處流浪。之後 3 年時間裡，他沒有穿過一件乾淨的衣服，甚至沒有吃過一頓飽飯。為了活下去，他做過餐館雜工、汽車清潔工。農忙時節，他會到農場中打打短工，賺幾個小錢。

16 歲時，他謊報年齡，幸運地參了軍。枯燥的軍旅生活，卻讓他感到很滿足 —— 畢竟能讓他吃飽穿暖。

退役後，他利用在軍隊裡學的技術開了一個鐵匠鋪。由於競爭激烈，鐵匠鋪很快便關門大吉。

之後，他透過勤勞肯做謀得了一份火車司爐工的工作，後來因為表現積極從臨時工變成了正式員工。他感到從未有過的高興，因為他終於有了一份穩定的工作，再也不用四處漂蕩。但好景不常，經濟大蕭條來臨，他加入了失業大軍。當時，他的妻子剛剛懷孕。不久，妻子離開了他。

他四處找工作，四處碰壁，但從來沒有放棄。那段時間，他從事過多種工作，如銷售員、保險員、碼頭工、粉刷工、廚師、消防員等等。

後來，他在肯德基州開了一家加油站，但該死的二戰爆發了，政府實行汽油配給制度，他的加油站不得不關門。

再後來，他還經營過一家飯店。但他總是比別人不幸 —— 生意剛有起色，一條高速公路要從飯店旁邊經過，飯店必須拆掉。

　　最後，當他不得不變賣資產償還債務的時候，他發現自己已經66歲。為了證明他的一文不名，政府發給了他一份救濟金——105美元。

　　救濟金激怒了他，他苦思冥想，準備再次創業。朋友都勸他，認命吧，折騰了一輩子都沒什麼起色，如今老了還想大器晚成？他不為所動，因為他的人生觀就是——絕不向生活妥協。

　　不久，他帶著自己最有價值的東西——炸雞手藝，用那輛1946年產的福特老車，載著自己的獨門配方和得力助手——壓力鍋，在朋友們的悲觀預測下再次開始了創業之旅。

　　從肯德基州到俄亥俄州，再到印第安那州等地的餐廳，到處都留下過他的身影。然而整整兩年，多達1,009家飯店的老闆無一例外地對他搖頭說「No」。那一天，他仍舊信心十足，在他講完之後，第1,010家餐廳老闆居然對他說「好吧，你試試吧」。十分鐘後，他的炸雞得到了老闆的認可，雖然他的合作方式非比尋常——如果覺得炸雞味道不錯，就賣給他們特許權，提供作料，並教他們炸製方法，但老闆每賣掉一份炸雞，他都要從中抽取5美分。

　　有了第一個人，就有第二個人，在他的堅持下，他的想法被越來越多的人所接受。5年後，他擁有了400家連鎖店。如今，他的連鎖店已開遍全球，總數超過10,000家，每天接待顧客超過1,000萬。

　　他，就是肯德基的創始人蘭德·大衛·桑德斯（Harland David Sanders）。他用一隻雞，改變了人們的飲食習慣，也改變自己的人生。失敗1,009次！想想都夠嚇人的！而且，這還只是桑德斯推銷炸雞時經歷的失敗！這樣的人不成功，還有誰能成功？

　　雖然桑德斯不曾公開他的配方，但他曾公開他的成功祕訣：

· 不放棄。

· 相信你自己。

· 要忍耐。

其實所有這一切你都不一定要去想，只要堅持往前走就行了。只要你心中有理想、有志向，你終將走向成功，你所要做到的，就是在這個過程中，要有艱苦奮鬥、忍受挫折和失敗的能力。有一個故事說，能夠到達金字塔頂端的只有兩種動物，一是雄鷹，靠自己的天賦和翅膀飛了上去。另外一種動物，也到了金字塔的頂端，那就是蝸牛。蝸牛肯定只能是爬上去，從底下爬到上面可能要一個月、兩個月，甚至一年、兩年。在金字塔頂端，人們確實找到了蝸牛的痕跡。我相信蝸牛絕對不會一帆風順地爬上去，一定會掉下來，再爬，掉下來，再爬。蝸牛只要爬到金字塔頂端，牠眼中所看到的世界，牠收穫的成就，跟雄鷹是一模一樣的。包括到今天為止，我一直認為我是一隻蝸牛。我一直在爬，也許還沒有爬到金字塔的頂端。但是只要你在爬，就足以給自己留下令生命感動的日子。

「天上不會掉餡餅」，這其實是連幼兒園的小朋友都知道的道理。很多人並不是沒有自己動手做過餡餅，而是只有「三分鐘熱度」，如此短暫的熱情，怎麼能把餡餅烙熟？

第03堂課
執著 —— 我們無路可退

‖ 寒冷時，用左手溫暖右手 ‖

有學者提出著名的「治學三境界」理論，大意如下：

第一境界：「昨夜西風凋碧樹。獨上高樓，望盡天涯路。」這句詞出自北宋詞人晏殊的《蝶戀花》，大意是說，「我」獨自一人登上高樓，眺望遠處的蕭颯秋景，西風黃葉，前途渺渺，希望何在？學者將其引申為，做學問者，首先要有執著的追求，登高望遠，樹雄心，立壯志，排除干擾，不能為暫時的煙霧所迷惑。

第二境界：「衣帶漸寬終不悔，為伊消得人憔悴。」這句詞出自北宋詞人柳永的《蝶戀花》，原意表達作者對愛的艱辛和愛的無悔。若把「伊」字理解為詞人所追求的理想亦無不可，學者則別有用心，以此來比喻學問絕不是輕而易舉就能得到的，必須堅定不移，經過一番辛勤勞動，廢寢忘食，孜孜以求，直至人瘦頻寬也不後悔。

第三境界：「眾裡尋他千百度，驀然回首，那人卻在，燈火闌珊處。」這句詞出自南宋詞人辛棄疾的《青玉案》。學者認為，此即為人生最終、最高境界。想達到這一境界，必須有專注的精神，反覆追尋、研究，下足功夫，自然會豁然貫通，有所發現。

這是做學問的境界，也是追求財富人生的哲學。

學者的境界有三重，但其核心就兩個字 —— 執著。不執著，立志也沒用；不執著，就不能在驀然回首時猛然頓悟。但執著，在一定程度上就意味著「孤獨寂寞冷」。很多成功人士都曾經歷過這一階段。

一位企業家曾說過：「我永遠相信只要永不放棄，我們還是有機會的。最後，我們還是堅信一點，這世界上只要有夢想，只要不斷努力，只要不斷學習，不管你長得如何，不管是這樣，還是那樣。今天很殘酷，明

天更殘酷，後天很美好，但絕大部分人死在明天晚上，看不到後天的太陽。創業這麼多年，我遇到了太多的倒楣事，但只要有一點好事，我就會讓自己非常開心，左手溫暖右手。」

……

我們的財富路，自然免不了類似的痛苦和挫折，寂寞的行程中，當寒意襲上心頭，我們也要學會用左手溫暖右手。能呵護我們度過寒冷的，只有我們心中的執著。

▍執著，但不要執迷▕

回顧所有優秀企業的成長史，沒有哪一個不是善於因時順勢，同時又自強不息的結果。

管理名言有這麼一個小故事：

有一群勤奮的豬，種了很多蔬菜，為了防盜，牠們在菜地四周樹起了堅固的柵欄。

突然有一天，這些豬吃驚地發現，蔬菜被偷了，而柵欄完好無損。經過開會討論，所有的豬都認為，原因在於柵欄高度不夠。於是大家當即動手，把柵欄加高了一倍。可是第二天，蔬菜仍然被偷了！又一場會議後，憤怒的豬再次加高了柵欄。不過根本沒用，又一個早晨，蔬菜仍然被偷了不少！

恐慌開始在豬群中蔓延。經過慎重研究，大家一致認為應該把柵欄加高到 50 公尺！——那樣的話，任何動物都不可能躍過柵欄偷菜了。

就在這群豬忙得滿頭大汗時，菜地不遠處有一隻羊和一頭牛正在閒聊。

31

羊說：「牛大哥，您看這群笨豬真的會把柵欄加高到 50 米嗎？」

「很難說。」牛說：「牠們有多執著，您是知道的。可是如果牠們總是不懂得晚上睡覺時要關好柵欄門，就算把柵欄加高到月亮上，又能怎麼樣呢？」

執著是賺錢必備的素養，但不是賺錢的真理。人，既要埋頭苦幹，也要抬頭看路。否則，越是勤奮，反而越是與成功背道而馳。生活不是單行線，我們不能鑽牛角尖。有時一個方向走不通了，不妨換個方向，說不定就會豁然開朗。

執著，還必須以值不值得為前提。如果不值得，那就不是執著，而是執迷。是咬定青山不放鬆，還是放下青山，直奔金山，看完下面的故事你就會明白。

19 世紀中期，美國加州發現了金礦。消息不脛而走，許多人認為這是一個發財致富的好機會，紛紛奔赴加州，準備大撈一筆。年僅 17 歲的亞默爾，也抵擋不住誘惑，加入了這支淘金大軍。

但加州並不是遍地黃金。隨著越來越多的人蜂擁而至，加州遍地都是淘金者，金子越來越難淘，人們的生活也越來越艱苦。更有甚者，由於當地氣候乾燥，水源奇缺，許多淘金者不僅沒有淘到黃金，反而身染重病，喪身異鄉。

亞默爾也沒有淘到黃金，好在他的身體一直很健康。一天，聽著周圍的人對缺水的抱怨，亞默爾突發奇想：淘金希望太渺茫了，不如及早收手，賣水吧！

說做就做，亞默爾毅然放棄了淘金，費時多日修築了一條水渠和一個水池，將遠處的河水引入水池，用細沙過濾後就成為了清涼可口的飲用水。然後，亞默爾把這些水以極低的價格一壺一壺的賣給淘金者。

只賣一壺水，亞默爾自然賺不到幾塊錢。因此有人笑話他，說他胸無大志，放著金子不挖，卻來賣水。亞默爾毫不在意，繼續賣水。結果幾年下來，當大多數淘金者都空手而回時，亞默爾卻靠賣水賺到了 8 萬美元。這在當時可是一筆非常可觀的財富，不亞於今天的百萬富翁！

無獨有偶，在亞默爾大發賣水財的同時，另一個淘金不成的美國青年也在無意中找到了自己的「錢途」，他就是牛仔褲的發明者李維·史特勞斯（Levi Strauss）。

李維移民美國時甚至連英語都不會講，他在美國的起初幾年，主要是為他的兩位哥哥打工，間或在紐約及肯德基一帶的偏僻市鎮販賣布料和其他家庭用品。聽說加州發現了金礦，年輕的李維相當著迷，不過之前的經商經歷讓他多了個心眼：那麼多人去加州淘金，肯定會需要一些帆布做帳篷吧！因此他出發時，隨身帶了幾卷帆布。但到加州不久，他向哥哥借的僅有的一點資金便打了水漂。這天，他向一位年長的淘金人推銷他僅剩的那幾卷帆布時，淘金人說，我不需要帆布，我現在最需要的是長褲，耐磨的長褲，我的褲子都被泥土和水磨破了。

看著淘金人破了洞的長褲，李維突然開了竅：我為什麼不把帆布製成褲子賣呢？當天，他就把帆布送到附近一間裁縫鋪，訂製了世界上第一條牛仔褲。由於這種褲子堅固耐磨，價格公道，很快便得到了淘金者的認可和推崇，大家一傳十，十傳百，年輕的史特勞斯不久便在舊金山開起了自己的第一間店。後來，李維改用斜紋粗棉布製作牛仔褲，又進行了一系列的款式上的改良，使其更加堅固美觀，也使其為更多的人接受。很快，這種長褲便受到全美市場的青睞，大批訂貨紛至沓來，李維自然賺了個盆滿缽滿。

俗話說，「女怕嫁錯郎，男怕入錯行」，賺錢同樣如此，尤其是在競爭對手比較多的情況下，「淘金」就變得更加困難。其實條條大路通羅

馬，工作不分貴賤，事業不分大小，只要能賺錢，不違背法律和道義，適當變通一下，往往就能夠發現更適合的目標和新的機遇。

執著精神不可或缺，但執著不能包打天下。「識時務者為俊傑」，根據客觀條件，適時調整策略，勇於放棄並重新選擇，把腦子和身邊的資源和市場結合好，用靈用活，才是賺錢的大智慧。

▎失敗不是成功之母 ▎

西方人說，失敗是成功之母。這句話有一定道理，但不是絕對的真理。不信試試看，生活中有很多人，屢敗屢戰、越挫越勇，卻總是事與願違，一事無成。

「不經歷風雨怎能見彩虹？沒有人能隨隨便便成功。」遭遇挫折，很多人喜歡用《真心英雄》（*A Hero Never Dies*）來安慰、鼓勵自己，喜歡告訴自己「這是天將降大任於我，一定要堅持住」，有朝一日，我必能像電影中的成龍一樣，否極泰來，睥睨群雄。事實證明，電影是電影，生活是生活。很多時候風雨非但帶不來彩虹，反而會造成更大的泥濘。

但這不是西方人的錯，也沒成龍絲毫責任，如果一個人總是穿新鞋走老路，只能怪他自己不長記性。換句話說，你要學會從失敗中吸取教訓。

比爾蓋茲說過：「如果你一事無成，這不是你父母的過錯，不要將你應承擔的責任轉嫁到別人的頭上，而要學會從失敗中吸取教訓。」

但大多數人眼裡只顧盯著比爾蓋茲的財富，卻把首富的忠告當成了耳邊風。

人們樂意談經驗，討厭談教訓。

因為人們虛榮。大家聚在一起，大談自己的當年勇，沒本事的也要吹一吹，你卻揀著自己的糗事往外抖，這不是讓別人看不起你嗎？

因為人們脆弱。聊聊自己的成功經驗，說說自己當年的壯舉，不僅能堅定信念，還能激發英雄氣概。而談失敗，難免會揭開一些舊日傷疤，弄不好還把自己搞得挺沮喪。何苦來哉呢？

於是，人們有意無意地忽略教訓。於是，人們反覆跌倒在一個地方。

其實，對於失敗我們大可不必諱言。面對失敗固然令你臉上無光，固然會讓人很痛苦，但不談失敗卻會讓你繼續失敗。

我們常說「失敗是成功之母」，其實無形中是把執著和勇氣的意義無限放大，而忽略了教訓的重要性。唐吉訶德是不是很執著？很勇敢？但他能戰勝風車嗎？再戰八百回合也不行。所以真正的有識之士，從來就不迴避教訓，而是從自己的教訓之中，尋找良方，避免重複的失誤，從而獲得成功。

不要總是盯著別人的成功，因為每個人的成功路都有自己的特色，甚至是不為人知的背景。而失敗卻大同小異，因為失敗是明擺著的，這家企業是死於盲目擴張，還是用人不當，它想遮都遮不住，差別只是程度有所不同。看到別人在哪條河邊溼了鞋，你下次到河邊時，自然會小心點。

第 04 堂課
知識 —— 想富口袋，先富腦袋

∥ 書中自有黃金屋 ∥

　　兩年前，筆者曾在協會工作過一段時間，在此過程中，我有幸結識了一大批成功人士，可謂受益匪淺。我的老闆、協會創辦人、祕書長張老師，是一個智者，他有一個「當『二老』、富『二袋』」理論，給我留下了尤其深刻的印象。

　　有一次演講，張老師援引一位出版界人士的話說：「目前，出版的圖書至少有一半賣不出去；在賣出去的一半當中，又有一半沒人讀過；在有人讀的那一半當中，還有一半人讀不懂……究其原因，一來在於把教育看得太重，卻不把學習當回事，二來人世間最難的事情就是把思想裝進別人的腦袋，把鈔票裝進自己的口袋。把思想裝進別人的腦袋的人，我們稱之為老師；把鈔票裝進自己的口袋的人，我們稱之為老闆。簡言之，我們討論的是怎樣當「二老」，怎樣富「二袋」這一傳統難題……今天在座的都是成功的企業家，大家今天的成功，自然有能夠成功的道理，但是大家心裡清楚，你們的成功並非必然，而是在一定程度上趕上了好時代。我自己也曾經經過商，那時候是只要有膽量就能賺到錢。現在不行，競爭越來越激烈，賺錢也越來越難。不僅賺錢越來越難，恐怕到手的財富也越來越難保住……」

　　美國石油大亨尚・保羅・蓋提（Jean Paul Getty）也曾作過一個類似的假設：如果把全世界的現金及產業全部混合在一起，然後平均分配給地球上的每一個人。那麼不出半個小時，這些原本財富均等的人的經濟狀況就會發生明顯的改變 —— 有人因為沒有能力保護財產而喪失了；有人因賭博一敗塗地；有人會因盲目投資受騙上當……這樣不出 3 個月，貧富懸殊的狀況就會接近平均分配前的水準！我們姑且拋開這種假設是否成立，

它至少說明了一個亙古不變的道理：一個人的財富與他的能力緊密相關。如果你本身就是個扶不起的阿斗，再大的家業最後也不免敗光。誰也不想敗家，誰都想讓自己的口袋更鼓一些。怎樣才能做到這一點呢？唯有用知識去加強自己。真正的貧窮，不是口袋空空，而是腦袋空空。發財都有一個過程，才能的累積，也就是金錢的累積。

那麼，才能又從哪裡來呢？怎樣才能腦袋不空錢袋鼓？當然是讀書。古人云「萬般皆下品，唯有讀書高」，時至今日，雖說讀書已經不再是人們出人頭地、成就自我的唯一途徑。但每一個成功人士都離不開他的核心價值，而大多數人的核心價值都是前人總結出的寶貴的經驗，即從書籍中得來。

孫正義 23 歲時曾因肝病整整住了兩年院，期間他一共讀了 4,000 多本書，平均一天 5 本；張總裁就研讀了包括《易經》在內的許多企業管理方面的書籍，對企業各方面（財務、銷售、人員管理、組織結構）的知識進行了系統的學習。由於經常穿梭於世界各地，每次到機場候機，做的第一件事就是在候機廳的書店裡買最新的管理方面的書籍，然後在飛機上暢遊書海。

有人說：「讀書多，就意味著眼界更加開闊，更會思考問題，更具創新精神。」有一句話叫做「底蘊的厚度決定事業的高度。」底蘊的厚度主要來自兩方面，首先就是多讀書，讀了大量的書，知識結構自然就會完整，就會產生智慧；其次是人生經歷。把人生經歷的智慧和讀書的智慧結合起來，就會變成真正的大智慧，就會變成一個人創造事業的無窮動力。基於此，公司招聘高級人才時都是我面試。我的首要問題就是「你大學讀了多少本書，如果你回答只讀了幾十本，那我肯定不會要你。我心中的最低標準是 200 本，我自己在大學期間讀了 800 本。而我的班長在大學裡

讀了 1,200 本，平均每天一本。有人會問，讀完書忘了跟沒讀過有什麼區別嗎？其實完全不一樣。就好比談戀愛，一個談過戀愛後又變成光棍漢的人，和一個光棍漢相比是有自信的。因為當他看到別人談戀愛的時候，他會在旁邊『嘿嘿，想當初我也是談過戀愛的！』」

比爾蓋茲從小就非常努力，他曾經從頭到尾讀完過整部《世界大百科全書》。成功後的比爾蓋茲曾經說過：「是我家鄉的公立圖書館成就了我。如果不能成為優秀的閱讀家，就無法擁有真正的知識。我直到現在依然每天至少要閱讀一個小時，週末則會閱讀三至四個小時。這樣的閱讀，讓我的眼光更加開闊。」後來，比爾蓋茲還發明了閉關讀書法：每年進行兩次為期一週的「閉關修練」。在閉關期間，把自己關在一棟別墅中，閉門謝客，讀書充電，思考未來。據了解微軟發展軌跡的人說，他每次閉關之後，微軟都會有驚人之舉。

「搶學問」是李嘉誠創造的詞語，從小他就深信知識能夠改變命運，三歲就能背誦《三字經》和《千家詩》。上小學後，他不滿足於老師講授的詩文，常常把祖屋藏書閣中的線裝古籍翻出閱讀。長大後，李嘉誠求進步、求學問更是沒有一天停止過。他曾經說過：「年輕時我表面謙虛，其實我內心很驕傲。為什麼驕傲呢？因為同事們去玩的時候，我去求學問；他們每天保持原狀，而自己的學問日漸提高。」

一句話，書中自有黃金屋。不要羨慕有錢人，想富口袋，先富腦袋。

｜知識是永恆的財富｜

眾所周知，猶太人是世界上最聰明、最富有的民族。有人甚至說，猶太人在家中打個噴嚏，全球的富翁都得感冒。那麼，猶太人憑什麼？

答案是重視知識。在每一個猶太家庭中，孩子剛剛懂事，母親就會拿出猶太民族的智慧聖典《塔木德》（*Talmud*），滴一滴蜂蜜在上面，讓孩子去親吻書上的蜂蜜，並告訴他：「書是甜的，你要愛書。」

猶太人認為啟蒙教育越早越好，很多猶太兒童三四歲時便開始接受各種教育，每個孩子走進教室時，都會受到大家熱烈的鼓掌歡迎，以讓他覺得學習是快樂的。

待孩子再長大些，父母就會問他這樣一個問題：「假如有一天，你的房子被燒毀，你將帶著什麼東西逃跑呢？」如果孩子回答是錢或鑽石，父母就會耐心地引導孩子：「有一種沒有形狀、沒有顏色、沒有氣味的寶貝，你知道是什麼嗎？」如果孩子實在答不出來，父母就會直接告訴他：「孩子，你要帶走的不是錢，也不是鑽石，而是知識。知識是別人搶不走的，只要你還活著，知識就永遠跟隨著你，無論逃到什麼地方都不會失去它。只要有它，就有一切。」

幾乎所有的猶太人都知道這樣一則故事：

一艘輪船航行在大西洋上，船上坐著許多腰纏萬貫的富翁和一位窮困潦倒的拉比（智者）。閒來無事，人們侃侃而談，富翁們情不自禁地炫耀起自己的巨額財富，互相爭執，不可開交。最後，貧窮的拉比也加入了進來，他說：「我覺得要論財富，還是我最富有，只是現在我還無法證明這一點。」富翁們也沒拿他當回事，心說，你一個窮鬼，吹吹牛罷了。誰知過了幾天，在一片險惡的海域，一群海盜無情地襲擊了這艘船，他們殺死

了船長，然後將富翁們引以為豪的財富全部洗劫一空，所有人都變成了身無分文的窮光蛋。海盜離去後，因船長已死，也無繼續航行的資金，這艘船隻得停在了最近一個港口。曾經的富翁和拉比依次下船，依靠自己的能力去謀生。這位拉比因為擁有淵博的知識而被當地人所器重，做了當地人的教師，享受著豐厚的待遇和尊敬。而那些習慣了養尊處優的富翁們，卻只能做些體力活艱難度日，朝不保夕。後來，富翁們由衷地對那位拉比說：「你那天說的話真對。再多的財富，也有可能在一夜間失去，而一個有知識的人，卻會永遠富有。擁有知識，等於擁有一切。」

擁有知識，等於擁有一切 —— 以色列的崛起也充分說明了這一點。19 世紀末期，美國作家馬克‧吐溫（Mark Twain）在遊歷過聖經中「流著奶和蜜」的地方 —— 巴勒斯坦後，以無比辛酸的筆調寫道：「在所有景色淒涼的地方中，巴勒斯坦首當其衝……這是一塊沒有希望、令人沉悶的土地。」但如今，以色列成立半個多世紀以來，巴勒斯坦地區發生了翻天覆地的變化。土地貧瘠、資源短缺，而且敵國環伺的以色列，不僅早就成為了世界級的工業強國，人均國民生產毛額遙遙領先，而且在諸多領域擁有先進的技術和優勢，被視為整體人類發展度最高的國家。這些，都是重視知識的必然結果。

以色列人可能是世界上最嗜書如命的民族。據聯合國教科文組織公布的統計數字表明，以色列每年出版的圖書高達數千種（不包括教科書和再版書），所有 14 歲以上的公民，平均每月都會讀一本書。在以色列，公共圖書館和大學圖書館共有 4,000 多所。全國 700 萬居民中，辦借書證的讀者就有 100 多萬……

是金子，遲早會發光；有知識，遲早會脫穎而出。別看別人，像那樣，趁著年輕，盡量多儲備些知識，因為知識就是力量，知識就是財富。

從「知者」變成「智者」

何為「知者」？何又為「智者」？

首先我們要明白「知」和「智」的區別。

有學者曾經在講座中這樣解釋「知」和「智」的區別：

「從字形上看，『知』字的左邊是『矢』字，在古代是指箭。右邊是一個『口』字，相當於一個靶心……射箭最起碼是不能脫靶。左邊一支箭，右邊一個靶子，這就是『知』，知識來之不易，其原因就是必須中靶，射準，射中靶心，瞄準目標（的）了才能放箭……關於『知』，就是知識的累積，有『知』就有『識』。你知道了這個東西，必須還要去認識。認識就是分辨、理解，然後再上升為理論，就是真理。」

「從『智』的字形上看，知識（知）的日積月累（日）就成為『智』了，是不是這個意思？所以這個『日』很重要，看重每一天，每天都要增長知識，每天都要增益，這樣就成了『智』。你的智商怎麼來的？是離不開每一天的，你的智力、智慧、智慧都離不開這每一天……」

「『知者』與『智者』是有區別的。『知者』是知其一而不知其二，知其二而不知其三，知其然而不知其所以然。『然』，就是『這樣』，意思是，知道它是這樣，而不知道它為什麼會這樣。而『智者』就不同了，『智者』第一能『知其所以然』；第二能把各個方面的知識，如從書本上學到的，自己觀察得到的，別處聽來的，或是自己思考來的等等，都能融會貫通。不會貫通是不行的，這個知識與另一個知識串不起來，A 是 A，B 是 B，C 是 C，不能串成一體，變成一個立體的、新的知識，這就是死知識。只有融會貫通了，才是活知識；第三是自知之明，就是要知道自己，明就是知。所以必須了解自己，那樣就不會自滿，老實想到自己的哪些地

方學得不夠。應該天天精進，才能使自己的知識更加充實；第四個就是明辨是非，就是對一些事物要怎樣正確地理解它，怎樣正確地分析它，這就是智者所具備的幾個特點，它與知者是有區別的，是『知』的昇華。」

這段精彩的演講，大概可以點醒很多人的疑惑：為什麼我讀了這麼多書，到現在甚至還不如一個文盲賺錢多？為什麼知識到了我的腦袋裡就沒力量了？其實「知識就是力量」，這沒錯，但是光有知識還遠遠不夠，你還缺點把知識轉化成財富的東西。這種東西就是智慧。

來看一個真實的創業案例：

王某大學畢業不滿 3 年，便擁有了一間手工皮革飾品工廠、一間自有品牌專賣店和幾家加盟代理店。他是怎麼做到這些的呢？首先，這跟他的專業有關。王某是某高職美工科的高材生，大學期間，他就曾自己動手設計、製作過一些挎包和錢包，由於設計比較新穎，又是純手工製作，因此他的作品每一出爐就會被同學們搶購一空，他自己也能時不時的從中賺些小錢。

畢業後，王某被某設計公司聘用，主要負責公司承接的會展現場布置的顏色搭配。過了一段時間，王某覺得這份工作過於單調，難以發揮自己的才華。於是他決定辭職，依靠自己在製作手工皮革飾品方面的天分自行創業。

一個月後，王某揣著自己當月的薪資和變賣電腦等物品所得共五萬多塊錢。他馬不停蹄地把皮革飾品市場跑了一遍。結果發現，從事手工皮革飾品製作的廠商幾乎為零，市場上銷售的相關產品都是外地生產的，而且並非純手工製作。更重要的是，在市場調查過程中，王某結識了一些專門做皮革生意的行家。他們對王某所製作的手工皮革製品很感興趣，表示願意從他那裡訂貨。

　　王某非常珍惜這次機會，很快，幾十個精美的手工皮包便生產出來。

　　識貨的人很多，王某的第一批貨賣得很好，訂單也有所增加。王某轉而給自己的產品註冊了一個新的商標，並建起了自己的工廠。說是工廠，實際上剛開始就他和女友兩個人，辛苦自不必言。後來，隨著知名度不斷上升，生意越來越好，王某才真正做起了老闆。再後來，他又一步步開起了品牌專賣店，並著手發展加盟店。如今，他已經有數家加盟店，每月純利潤都穩定，「錢」途無量。

　　王某能夠成功，有很多方面的原因，但首先還在於他能恰到好處地運用自己的專業知識。何謂智慧？說簡單點就是一個人運用、掌握、駕馭知識的能力。一個滿腦子專業知識的人，未必有智慧。

　　那麼，如何才能擁有智慧？首先還是學習。智慧不是看一本書、做一道題就能擁有的，只有量變，才能質變；只有漸修，才能頓悟。如果你覺得自己沒有智慧，那就只能加強學習。只有不斷學習，不斷汲取新知識，不斷應對新形勢，才能不斷豐富頭腦，開闊視野，啟迪思維，生發智慧。其次是思考和實踐。為什麼不把二者分開解釋呢？因為兩者是相輔相成的。稍有生活經驗的人都知道，有些事情，想很久想不通，但動手一做，思路就活了，問題就迎刃而解了；有些事情卻恰恰相反，多麼努力都沒有進展，這時候就應該停一下，觀察一下，總結一下，反思一下：癥結在哪裡？出路在哪裡？下一步怎麼辦？堅持下去有沒有意義？等等。這些看似不是智慧，實則卻是人生的大智慧。

第 05 堂課
形象 —— 是素養，也是財富

｜形象決定印象，印象決定成敗｜

美國一位心理學家做過這樣一個試驗：他隨意在大街上聘請了四位志願者，其中一位是配戴高級眼鏡、面貌儒雅的青年學者，一位是打扮入時、氣質脫俗的美麗女郎，一位是手提雜物、滿臉疲憊的中年婦女，一位是髮型怪異、外表邋遢的嬉皮。然後，心理學家派人把他們載到了不同地點，請他們在身上沒有錢的情況下尋求計程車司機幫助。結果顯示，青年學者和美麗女郎無論到哪裡，其成功率都是最高的，而中年婦女成功的機率只有 50%，嬉皮士則很少成功。

這個實驗充分地說明：在人們的潛意識裡，不同的儀表代表著不同的人，影響著人們接下來的際遇。這不僅僅是以貌取人的問題，而是普遍的心理問題。

有句古話叫「先敬羅衣後敬人、人要衣裝佛要金裝」，更進一步的、通俗的說法叫「狗眼看人低」，這當然不是什麼好傳統，但從另一個角度來說，這也怪不得那些勢利小人。人們常說，良好的儀表是對別人的尊重，那麼，一個不懂得尊重別人的人，又怎麼指望別人尊重他呢？即使對方是小人。

很多人不理解，為什麼賣保險的人都穿黑西裝呢？其實，不只保險行業，政府部門、法律機構、銀行、金融公司和大型企業中的員工通常都穿西裝，業內話叫正統服裝或套裝，為的就是展現行業的權威感、傳統感、正式感和專業感。以保險業為例，大家購買的就是保險公司的安全感，那麼保險公司的安全感從哪裡展現呢？有些人是不會去調查這個保險公司的資料的，大家更願意相信自己的眼睛。當一名身著深色西裝、雪白襯衫的工作人員在裝修考究的大廳裡禮貌而又不失莊重的接待你時，你可能會覺得他老成，但

這正是你所需要的，至少他的著裝讓你覺得他是一個工作嚴謹、認真的人，他使你充滿安全感，也讓你深信保險公司有安全感，可以保障你將來的安全需求，所以你才肯放心地付出大把血汗錢，換回一張保單。反之，如果出現在你面前的是一個上穿透視裝、下穿迷你裙、臉上濃妝豔抹的人，你可能會嚇得奪路而逃：我是來買保險的，怎麼這裡越看越像夜總會！

指望行為藝術家們注意儀表是徒勞的，但對從事推銷行業的人來說，注重儀表則是必須的。美國成功學大師戴爾‧卡內基（Dale Carnegie）在《人性的弱點》（*How To Win Friends and Influence People*）中舉過一個例子：有一次，一家保險公司的外勤員向公司報告說，當他們向農夫進行推銷工作時，穿得整齊比穿得隨隨便便的人，能更快更好地完成銷售任務，而且二者在銷售業績上相差甚遠。可見，雖然農夫們自身的服飾可能並不太好，但對那些穿得整齊的人卻有較大的信任感。

戴爾‧卡內基進一步強調：生活的本質就是一連串的推銷，推銷的實質就是推銷你自己。的確，在這個世界上，不論我們做不做銷售，我們每天都在推銷著自己。我們不斷地想辦法使別人承認我們；希望別人賞識我們的知識和能力；希望別人購買或租賃我們的東西；希望上級把理想的工作交給我們；希望獲得異性的青睞；希望得到別人的喜歡和認可……

可以說，只有學會推銷自己，你才能安身立命，使自己立於不敗之地。一旦你學會了推銷自己，你就可以推銷任何值得擁有的東西。有人具備這樣的才華，所以他的生活美滿幸福；而有的人就不是那麼幸運了，他可能飽受挫折，處處碰壁。因為他不善於推銷自己。

那麼如何推銷自己呢？推銷自己包括很多方面，但首先要注意的是你的形象。我們還以銷售為例，一般來說，銷售人員「注意儀表」至少包括以下幾個方面：

- 皮鞋是否光亮乾淨？
- 褲管有沒有褲線？
- 襯衫的扣子是否全部扣好？
- 臉上有沒有邋遢的鬍子？
- 頭髮是否整齊？
- 衣服是否有皺褶？

‖ 你的微笑值百萬美金 ‖

1930 年初秋的一天早晨，一個矮個子青年從日本一座公園的長凳上爬起來，徒步去上班。由於拖欠房租，他已經在公園的長凳上睡了兩個多月了。他是一家保險公司的銷售員，雖然工作勤奮，但他的收入卻少得甚至吃不起中餐，每天還要看盡人們的臉色。

這天，他來到一家寺廟，向住持介紹投保的好處。住持耐心地聽他把話講完，然後平靜地說：「你的介紹絲毫引不起我投保的意願。人與人之間，像這樣相對而坐的時候，一定要具備一種強烈吸引對方的魅力，如果你做不到這一點，將來就沒什麼前途可言……」

「一種強烈吸引對方的魅力？這究竟是什麼呢？」從寺廟裡出來，年輕人一路思索著老和尚的話，若有所悟。不久，他組織了一個專門針對自己的「批評會」，請同事或客戶吃飯，目的只為讓他們指出自己的缺點。同時，他把自己的微笑分為 39 種，一一列出各種笑容所表達的心情與意義，然後對著鏡子反覆練習。曾經有一次，他為了對付一個極其頑固的客人，先後使用了多達 30 種微笑！他就是後來連續 15 年保持全日本壽險銷售第一的推銷大師原一平，他的微笑被人們譽為「價值百萬美金的笑」。

無獨有偶，鋼鐵大王安德魯・卡內基（Andrew Carnegie）的高級助理查爾斯・史考伯（Charles Schwab）的微笑也被人們譽為「價值一百萬美金」，而且還有人認為，這其實是低估了查爾斯的微笑，因為史考伯性格中最具魅力的，就是他那動人的微笑。微笑，幾乎是他取得卓越成功的全部原因。他說：「最值錢的東西不需要花一文錢，那就是微笑。」

微笑是不是值百萬美金，這似乎值得商榷。不過微笑會帶來明顯的經濟效益，這卻是不容置疑的事實。有人曾經作過這樣的調查：在同一個行業，幾個同樣的店面，貨品的擺設和種類都差不多，店內售貨員的年齡、長相、穿著打扮也相差無幾，可是唯有笑臉相迎的售貨員所在的店面生意最好。

東方有句古話，「不笑莫開店」，西方也有一句類似的格言 —— 如果臉上沒有笑容，千萬別開店。其實無論是誰，不懂得微笑，不懂得利用微笑，都是很不幸的。微笑是成功者的祕密武器，它可以拉近彼此之間的距離，增強親和力，使人喜歡你，解除對方的抗拒。所以，一流的銷售人員都是經常面帶微笑。

1919 年，20 歲的希爾頓（Conrad Hilton）靠著父親留給他的全部遺產 —— 不足 2 萬美元，開辦了一家以自己的名字命名的小型旅館。經過幾年的努力，他的資本已經達到了 5,000 萬美元。但是，當希爾頓不無驕傲地把這一喜訊告訴他的母親時，其母的反應卻出乎希爾頓的意料之外，她只是淡淡地說道：「在我看來，你跟以前根本沒有什麼不同……你必須掌握比 5,000 萬美元更有價值的東西：除了對顧客誠實之外，你還要想方設法使每一個住過旅館的人都成為回頭客，而且這個辦法還應該簡單易行、不花本錢並且長久有效，只有這樣，你的旅館才會有前途。」

經過長時間的迷惘與摸索，希爾頓終於找到了母親所說的「更有價

值的東西」──微笑。他確信，微笑會使希爾頓飯店獲得前所未有的發展。即使是在美國經濟蕭條最嚴重的 1930 年（當時希爾頓陷入負債經營），希爾頓也沒有灰心，他一次又一次地囑咐他的員工們：「雖然目前我們遇到了困境，但我們一定會渡過難關。因此，我請各位注意，千萬不要把心裡的愁雲擺在臉上。無論飯店本身遭遇的困難如何，希爾頓飯店服務員臉上的微笑永遠都應該是最燦爛的。」事實證明，希爾頓飯店的所有人員都做到了這一點，無疑，他們不僅渡過了難關，同時也贏來了希爾頓飯店的新紀元。

此後，希爾頓又為各分店購置了一系列的現代化設備。然後，他在全體員工大會上問道：「現在我們新添了世界第一流的設備，大家認為還必須配備一些什麼第一流的東西，才能使客人更喜歡我們的飯店呢？」在得到了很多錯誤答案以後，希爾頓笑著搖頭說：「請你們想一想，如果飯店只有第一流的服務設備而沒有第一流服務人員的微笑，那客人會認為我們供應了他們全部最喜歡的東西嗎？如果缺少服務員美好的微笑，正好比花園裡失去了春天的太陽與春風。假若我是顧客，我寧願住進雖然只有殘舊地毯，卻處處見得到微笑及溫暖的飯店。我不願去只有一流設備而見不到微笑且冷漠的地方⋯⋯」

之後，希爾頓的資產從 5,000 萬美元發展到數 10 億美元，名聲顯赫。與此同時，「你今天對客人微笑了沒有？」這一名言也傳遍了世界的每個角落。所以親愛的朋友，如果你還在抱怨成功無望，處世太難，請先學會微笑。面對春天般的微笑，沒有誰能無動於衷。

微笑是可以練習的。對於那些習慣了板著臉，不太會微笑的人來說，不妨借鑑一下航空公司訓練空中小姐的做法：用一張紙擋住自己下半張臉，只露出眼睛，對著鏡子觀察自己是否能給對方微笑的感覺。眼睛是心

靈的視窗，一定要讓它笑起來，這種笑是最具感染力和最傳神的，會讓任何人都無法抗拒。

有一種形象叫素養

十幾年前，美國一家醫藥公司看中了一家醫療器械廠，經過艱難的談判，美方負責人約瑟先生最終接受了范廠長偏低的報價。雙方約定，第2天正式簽定協議。見天色尚早，范廠長便邀請約瑟到生產線看一看。

生產線井然有序，約瑟邊看邊讚許地點頭。走著走著，范廠長突覺得嗓子不舒服，不由地咳了一聲，便急急地向生產線一角奔去。約瑟詫異地盯著他，只見范廠長在牆角吐了一口痰，然後用鞋底來回「擦」了兩遍，油漆的地面上留下了一片痰漬。

約瑟眉頭一皺，快步走出生產線，不顧范廠長的再三挽留，堅決要回賓館。第二天一早，翻譯敲開范廠長家的門，遞給他一封約瑟寫的信：「尊敬的范先生，我十分欽佩您的才智和精明。但生產線裡您吐痰的一幕使我一夜難眠。恕我直言，一個廠長的衛生習慣可以反映一個工廠的管理素養。況且，我們今後生產的是用來治病的產品。貴國有句諺語：人命關天！請原諒我的不辭而別，否則，上帝會懲罰我的……」

范廠長覺得頭「轟」的一聲，像要炸了。

人們常說，成大事者不拘小節，但像范廠長這樣，因為不拘小節，陰溝裡翻船的事例並不鮮見。其實，人們是把小節的範圍寬泛化、一廂情願化了。有些事情，比如吐痰，在有些人看來是小節，甚至連小節都算不上，但在外商看來，卻是不能原諒的大節。忽略它們，恰恰暴露出在修養上的差距。

　　當然這也不僅僅是修養上的差距。人們都知道加加林，但很少有人知道他那「登月第一人」的榮耀本來應該是屬於邦達連科的。

　　按照流行說法，當時蘇聯相關部門確定的登月第一人選是瓦連京・瓦西里耶維奇・邦達連科（Valentin Vasilyevich Bondarenko），但在升空前的一次訓練中，邦達連科卻在充滿純氧的船艙裡隨手亂丟棉團，結果無巧不巧地扔到了電路板上，導致了大火，他本人也因此喪命。他死後，尤里・加加林（Yuri Gagarin）從 20 多名後備太空人中脫穎而出，成為首個進入太空的太空人。他是怎麼脫穎而出的呢？原因很簡單，每次進入飛船訓練時，只有他一個人脫掉靴子，穿著襪子進入船艙。

　　在法國，銀行巨頭雅克・拉菲特（Jacques Laffitte）的名字婦孺皆知，但是很少有人知道，他的事業起步卻是源自於一根大頭針。當時，剛剛畢業的雅克到一家大銀行求職，卻不幸「名落孫山」。在向面試官道別之後，雅克苦笑著往外走，當他走到銀行大門口時，卻發現大理石地面上有一根大頭針。雅克想，如果有人不慎摔倒在這，可能會被大頭針刺到。於是，他隨手撿起了大頭針，並把它扔進了垃圾桶。幾天之後，仍然工作無果的雅克卻意外地收到了那家銀行的聘用通知書。原來，就在他低頭撿大頭針的同時，銀行董事長恰巧經過此地。董事長認為，這個細心的年輕人非常適合做銀行職員。在向面試官了解到他正是前來應聘之後，銀行當天就寄出了聘用通知書。

　　撿大頭針只不過是舉手之勞，卻恰恰展現了雅克的良好素養。也正因為這一細節動作，使得雅克給銀行董事長留下了良好的印象。可以肯定地說，即便當時銀行董事長沒有發現他的舉動，他也一定會成功。因為在生活中，這樣的小事實在是太多，只要我們堅持做了，我們的良好素養也終究會被人發現，我們也最終會獲得發展的機會。

　　由此，我們可以看出：細節雖小，卻往往決定著我們的命運；事業雖大，卻往往是由一些不被人看重甚至連自己都意識不到的小事來成就。

　　說了這麼多，舉了這麼多例子，其實一句話就能概括：注重形象絕不是把臉洗乾淨、把領帶繫端正那麼簡單。形象展現素養，素養決定形象，也決定成敗和未來。

第 06 堂課
眼力 —— 慧眼就是銀根

| 發現財富的祕密 |

明代大文學家馮夢龍在《智囊》中記載了這樣一個故事：

魯定公十五年正月，邾國國君邾隱公邾益來魯國訪問，魯定公舉行了盛大的歡迎儀式。作為魯國的名人，子貢和老師孔子參與了整個過程。期間，子貢無意中發現了一個小問題：本來應該非常低調的邾隱公（邾國是魯國的附庸國），在向魯定公進獻寶玉時，卻表現得非常高傲；而本來應該表現出大國君主風範的魯定公，態度非常謙恭不說，還低著腦袋，簡直像個鬥敗了的公雞。

當天晚上，子貢前思後想，最後得出結論：邾益和定公恐怕都活不長了。作為一個附屬國的國君，邾益表現得如此無禮，其內心的驕傲不難想像。驕傲是混亂的根源，這樣的人，肯定不得好死；而定公明明是主人，卻表現得像個奴才，看來是身體衰弱導致了精神不振……

果然不出子貢所料，剛過了五個月，魯定公就一病不起，龍馭上賓。緊接著，魯國便派大夫仲孫何忌率兵討伐邾國。邾益束手無策，只好以賠款並割讓大片土地給魯國的條件換取魯國撤軍。然而，邾益卻沒有就此吸取教訓，而是變本加厲地把昏庸堅持到底，結果在有生之年先後做了三次階下囚。雖然沒有像子貢預測得那樣 —— 不得好死，但也沒有好到哪裡去。

子貢擅長「讀人」，清代大商人曹三喜則精於「讀物」。他本是一個普普通通的農夫，清軍入關前，他不滿現狀，獨闖關東，以種菜、養豬、磨豆腐起家，略有積蓄後，開始利用當地盛產的高粱釀酒。有一年秋天，曹三喜回老家探親，路上看到作物豐盛的紅高粱，他不禁隨手折了幾根，但他意外地發現，高粱杆內蛀蟲很多，這引起了他的注意，他趕緊又折了

幾根，發現每根高粱杆都被蟲子蛀了，遂斷定蟲災嚴重，豐收無望，高粱行情必漲，於是他立即打消了探親的念頭，折回關外，大批購進高粱。其他商號卻被即將豐收的假象所迷惑，不僅大量出售庫存的高粱，還譏諷曹三喜「犯蠢」。結果等到秋收時，高粱產量果然因為蟲害大減，行情陡漲，曹三喜不僅為自己儲備了大量原料，還拋出了大量高價高粱，大發其財。

有人說，合格的商人就該有一雙洞悉商機的慧眼。但是看看上面的故事，曹三喜又哪有什麼慧眼？他只不過是比普通店家多用了些心而已。

企業界有一個流傳已久的故事：

十幾年前，西方某國一位年輕有為的炮兵軍官上任伊始，到下屬部隊視察其操練情況。他在幾個部隊發現了一個相同的情況：在一個單位操練中，總有一名士兵自始至終站在大炮的炮管下面，紋絲不動。

軍官不解，詢問原因，得到的答案是：操練條例就是這樣要求的。軍官對這個答案很不滿意，回去後反覆查閱軍事文獻，終於發現，長期以來，炮兵的操練條例仍因循非機械化時代的規則。最初，站在炮管下的士兵的任務是負責拉住馬的韁繩（那個時候，大炮是由馬車運載到前線的），既保證戰馬不被震耳欲聾的炮聲嚇驚，也便於調整大炮發射後由於後坐力產生的距離偏差，減少再次瞄準所需要的時間。而現在大炮的自動化和機械化水準很高，已經不再需要這樣一個角色了，但操練條例卻沒有及時地調整，此才出現了「不拉馬的士兵」。

軍官很快寫了一份報告，引起了廣泛關心，最終這一發現使他獲得了國防部的嘉獎。

這個故事不是講商機，而是講管理，它至少可以給我們的管理者提出三方面的思考。一是，為什麼不拉馬的士兵一直存在？二是，為什麼原來的軍官和士兵都未發現？三是，為什麼新軍官就能一下發現這種情況？

答案倒也簡單。其一：問題之所以長期存在，是因為大家對某種制度或某種做法過於依賴已習慣成自然，缺乏客觀條件發生改變後的敏銳掌握；其二：之所以此前的軍官和士兵都未發現，實質上是暴露出了工作責任心已存在相當大的問題，因為我們不排除有人知道這個士兵的多餘，但考慮到各方各面的關係而不願指出；其三：新來的軍官一下就能發現問題，並不是他的能力有多強，而是他有強烈的使命感和面對問題的勇氣，不走形式，不人云亦云，喜歡觀察，且有獨立的思考和判斷能力。

切記：慧眼是用來追逐商機的，也是用來發現問題的。

▎盯緊顧客的櫻桃樹 ▎

從一定程度上說，銷售就是利潤。銷售上不去，企業就沒辦法生存。怎樣才能做好銷售呢？先來看一個歷史故事：

崇德七年（西元 1642 年），明、清主力在松山決戰，明朝薊遼總督洪承疇被俘，皇太極如獲至寶，因為他知道洪承疇統兵一生，不僅在中原士大夫中威望極高，而且熟知中原的山川地理形勢，如果洪承疇肯真心歸順大清，對征服中原的意義可想而知。但洪承疇卻決心以死殉國，誓死不降不說，還罵不絕口。皇太極不僅不生氣，還動員了盛京城中所有能動員的力量前去勸降，其中大部分是洪承疇以往在明朝的同事們，讓他們現身說法。但這些人全都無功而返。最後，皇太極使出了王牌 —— 范文程。

范文程去看望洪承疇，隻字不提勸降之事，他只是順著洪承疇天南海北、說古道今地隨便閒談，從中察言觀色。正說著話，房梁上落下一撮灰塵，剛好落在洪承疇的衣服上。洪承疇一看，趕緊用手把灰塵拂去。換作是普通人，根本不會理會這個下意識的動作，但明察秋毫的范文程卻瞧在

眼裡記在心裡。回到宮中，他向皇太極滿有掌握地報告說：「洪承疇絕不會死，剛才有一撮灰塵落在他的衣服上，他立即就用手拂去了，一個對衣服尚且如此愛惜的人，難道會不愛惜自己的生命？」皇太極十分欣喜，於是在范文程的授意下，他親自去看洪承疇。見洪承疇穿的不多，皇太極還當場脫下貂皮袍子披在洪承疇身上，親切地說：「先生，你覺得冷嗎？」只此一招就令洪承疇大為感動，當即伏地稱臣。

這個故事真的與賺錢無關嗎？未必，你賣的是產品，收的是鈔票；皇太極賣的是前景，收的是人才，從本質上來說都是做買賣。但是沒有見微知著，善於掌握顧客心理活動規律的范文程，這樁買賣也不好成交。

再來看一個通俗易懂的案例：

有一個售屋代表，帶一對老夫妻去看一幢老房子。走進院子時，細心的售屋代表注意到老太太很興奮地告訴老先生：「你看這棵櫻桃樹多漂亮啊」，老先生則示意她不要吭聲。

走進客廳，老夫妻開始抱怨客廳的地板太陳舊，售屋代表趕緊對他們說：「是啊，這間客廳的地板是有些陳舊，但你知道嗎，這幢房子的最大優點就是當你從這間客廳向窗外望去時，可以看到那棵非常漂亮的櫻桃樹」。來到廚房，老夫妻又開始抱怨廚房設備太陳舊，售屋代表又說：「是啊，但是當你在做晚餐的時候，從廚房向窗外望去，可以看到那棵美麗的櫻桃樹」……

就這樣，不論這對老夫妻指出這個房子的任何缺點，這個售屋代表都一直重複著說：「是啊，這幢房子是有許多缺點，但這個房子有一個優點是其他房子所沒有的，那就是您從任何一個房間的窗戶向外望去，都可以看到那棵非常漂亮的櫻桃樹」。

結果在售屋代表不斷地強調下，這對老夫妻所有的注意力都集中在那

棵櫻桃樹上，最後這對夫妻花了 50 萬元買了那棵「櫻桃樹」。

顧客對一間房子（或其他產品）的要求是多方面的，品質、價格等因素往往只能滿足顧客的初級需求，真正吸引一個顧客做購買決定的，往往是產品某一兩個能滿足顧客特別需求的特點，就像上述案例中那棵美麗的櫻桃樹。要想成功地把產品賣給顧客，就必須找出顧客心中的那棵「櫻桃樹」。

實際上，我們說的不過是「知彼知己，百戰不殆」的老問題。無論是在戰場上，還是商場中，「知彼」的情形是十分複雜的，包括對對方的將帥、士氣、作戰能力、所處形勢等所有方面的綜合了解。但相對於「知彼」，「知己」更難，所謂「當局者迷」，人們往往很難對自己做出客觀的了解和評價。如果真正能做到對敵我雙方有深入正確的了解和評價，那就無往而不勝。比如那位聰明的售屋代表，如果他不是及時捕捉到那個老太太喜歡院中的櫻桃樹的資訊，他又將如何化解對方一而再再而三的抱怨、並最終將對方引向成交呢？

那麼，如果碰上了像故事中的老先生那樣的顧客，即明明心裡喜歡卻不吭聲，讓人摸不著頭腦的顧客怎麼辦？我們還用歷史故事說話：

西元前 626 年，楚國國君楚成王打算立兒子商臣為太子，為慎重起見，他特地徵求令尹子上的意見。子上有一說一：「您的年紀還不大，立太子的事不用著急。就是立也不要立商臣，他的眼睛像黃蜂，聲音像豺狼，相書上說這種人殘酷無情……」但楚成王沒有採納，堅決地立商臣做了太子。可立完太子不久，他又後悔了，又想立另一個兒子職為太子，廢掉商臣。

世上沒有不透風的牆，不久小道消息就傳到了商臣耳中。商臣當然不敢大意，但他不知道傳聞是否屬實，於是他向自己的老師潘崇問計。潘崇想了想，說：「你可以設宴招待成王的妹妹，席間要故意流露出對她不敬的神態。」商臣依計行事。不僅輕慢姑姑，還故意侮辱她，他的姑姑發怒

道：「你這個不爭氣的東西！難怪大王要廢掉你！」

探得了實信的商臣趕緊去見潘崇，詢問自全之策。潘崇問：「你能不能降價屈尊侍奉王子職？」商臣回答說：「不能。」潘崇又問：「你能不能逃到別的國家去？」商臣回答說：「不能。」潘崇接著問他：「你能辦大事嗎？」商臣回答說：「能。」是年冬十月，商臣率領宮中的警衛圍攻成王。成王請求吃了熊掌以後去死，商臣不答應。幾天後楚成王被逼上吊而死，諡號為「靈」。但他死不閉目，改諡為「成」後，才勉強閉上了眼睛。

這個故事告訴我們這樣一個道理：在「敵」情不明的情況下，一定要學會刺探消息。刺探消息的要素和方法很多，比如觀察、推薦、傾聽、詢問、旁敲側擊、激將法等等，鑒於篇幅所限，我們就不一一展開了。

‖ 先知先覺，先行先為 ‖

讓我們讀一讀孔子的故事：

有一次，掌權的季平子派家臣去拜訪孔子，說：「季氏將大饗國內，夫子聽說了麼？」

孔子說：「沒聽說，就是聽說了，我現在正在守孝，也不能前往。」等家臣走後，子貢便問：「大饗是國君之禮，季平子怎麼能僭用呢？」

孔子嘆了口氣說：「季氏也不是第一回僭越了。家祭，他八佾舞庭；外祭，他旅於泰山；現在竟然僭用天子饗士的典禮，可能是天奪其魄，讓他更加昏昧吧。我想他恐怕就要行將就木了！」

果不其然，幾天後，季氏便舊病復發，一命嗚呼。消息傳開，子貢對顏回說：「夫子簡直是個神聖。」顏回不解，子貢就把事情的來龍去脈說了一遍。顏回聽完點頭道：「這就叫先知先覺。人分三等，第一等人生來

就知道一切，即大聖大賢；第二等人，是學了才能知道一切；第三等人則必須經過困難以後才能知道一切。」

這就是成語「先知先覺」和「後知後覺」的由來。細分起來，「先知先覺」和「後知後覺」又可劃分為五個小層次，即先知先覺、先知後覺、後知先覺、後知後覺和不知不覺。有人曾經以吃飯做比喻：先知先覺者，滿漢全席盡在眼底，想吃什麼就吃什麼；先知後覺者，覺悟雖然稍晚，但仍可食得天下美味；後知先覺者，無溫飽之憂，亦無選擇餘地；後知後覺者，求財若渴，勞心勞力；不知不覺者，不僅吃不到什麼，還往往被迫成為買單人。

為什麼會導致這種局面呢？很大程度上在於「資訊不對稱」。也就是說，有用的資訊往往掌握在少數人手裡，而其中又只有少數人能夠正確解讀這些資訊的價值。

很多人喜歡稱經商為下海，有一個生動的比喻：下海之前，必須了解一下水溫。所謂「春江水暖鴨先知」，鴨子想了解水溫是不是暖和，很簡單，跳下河一試便知，實在不行再上來。但我們不行，如果不知道水深水淺、水涼水溫就蒙著腦袋跳河、下海，一不小心我們就有可能抽筋，乃至溺斃。所以下水之前，我們要好好地分析一下水溫。

有句古話：「月暈而風，礎潤而雨」，是說當月亮出現光環時，就會起風，當柱子下面的石墩反潮時，就會下雨。這表面上是在說氣象，實質上說得是自然規律。萬事萬物皆有規律，有的人之所以能夠決勝千里之外，就是因為他們掌握了規律，並懂得順應規律、利用規律，從而預見未來，取得勝利。

讓我們來看一則美國實業家亞默爾的故事：

一個週末的上午，美國實業家亞默爾像往常一樣坐在辦公室裡瀏覽著

當天的早報。他一邊看著報紙，一邊想著中午的野餐 —— 妻子已經說過好多次了，今天好不容易騰出點時間。

突然，亞默爾的眼睛亮了起來，他看到了一條只有幾十字的訊息：墨西哥可能出現了豬瘟。他立即聯想到，墨西哥與佛羅里達州和德克薩斯州接壤，一旦真的出現豬瘟，很快就會蔓延到這兩個州，而這兩個州是美國最主要的肉食生產基地，到時候美國肯定肉價飆漲。

想到這裡，亞默爾立即打電話給家庭醫生，劈頭就問對方最近是不是要去墨西哥旅行。家庭醫生被問得滿頭霧水，一時不知怎麼回答。眼看就到中午了，野餐的時間已到，亞默爾索性約家庭醫生到野外與自己和妻子會合。

三個人先後趕到了野餐地點，但亞默爾哪還有心思野餐，他費盡口舌並且給了家庭醫生一筆豐厚的旅費，請他立即飛往墨西哥，前往證實一下那裡是否真的發生了豬瘟。

當天下午，醫生便飛到了墨西哥，並且很快證實了當地確實發生了豬瘟，而且呈現越來越嚴重的趨勢。這一下亞默爾心裡有了底，他當即動用自己的全部人力財力，盡可能多的大量收購佛羅里達州和德克薩斯州的肉牛和生豬，並把它們迅速轉運到了美國東部的幾個州。

結果正像亞默爾預料的那樣，瘟疫不僅蔓延到了佛羅里達州和德克薩斯州，就連臨近的幾個州也開始出現疫情，一時間美國國內肉食品奇缺，價格幾乎上漲 1 倍，幾個月時間亞默爾便賺進了 200 多萬美元。

我們應該從中悟到些什麼呢？那就是我們既要具備先知先覺的洞察力，還要具備先行先為的行動力。先知先覺能讓我們嗅到財富的所在，先行先為則是我們把財富收入囊中的保障。所以，一旦發現商機，必須毫不遲疑，否則你的先知先覺非但沒有任何意義，還會被人譏諷為「事後諸葛、馬後炮」呢！

第 06 堂課　眼力—慧眼就是銀根

第 07 堂課
口才 —— 生意是談出來的

‖投其所好，話到錢來‖

古籍《漢雜事祕辛》中記載了這樣一個故事：

西元 147 年，出身名門的梁女瑩小姐即將被選為東漢王朝漢桓帝的第一任皇后。為確保龍子龍孫的「優生」，當時宮裡已經開始對皇后、妃子實行婚前體檢。梁女瑩身為封建時代的千金小姐，要在人前進行隱私處的大曝光，委實難以忍受。

當時也沒有婦產科女醫師。漢桓帝明白，如果派御醫中的那些先生去，除了讓他免費欣賞「人體藝術」之外，是提不出檢驗報告的。因為他們對女性的身體構造，遠不及漢桓帝的「臨床」經驗豐富。於是，漢桓帝派女官吳姁前去執行未來皇后的體檢任務。

吳姁奉旨來到梁府後，先在香閨觀察了梁女瑩小姐走路的姿態，見她步履輕盈，並無外八字、O 型腿或瘸拐等現象。接著自上而下開始了逐項檢查：臉面膚色、五官配置、眉宇眼神、鼻梁鼻腔、頭髮汗毛……以上檢查完畢，吳姁趕走丫環，關緊門窗，檢查即將進入實質性部位。吳姁要求梁女瑩脫去全部衣服。

體檢擱淺了。梁女瑩小姐平日洗澡也不敢多看自己的玉體，怎能在別人面前顯出全裸形象？當然寧死不脫！

吳姁說：「這是皇上的旨意！」梁女瑩不理。

吳姁又說：「這是皇家的規矩！」梁女瑩不睬。

吳姁不愧為女官，輕輕說了一句：「恭請皇后遵照皇帝旨意和皇家規矩做事。」梁女瑩聽到「皇后」兩字，便忸怩地自己動手拉開上衣。但脫到肚兜時，再也不肯脫了。

無奈之下，吳姁只好連說：「皇后盛典期近，不能拖延，請皇后恕罪，

請皇后恕罪⋯⋯」一面走上前去，親自動手。待一一檢查完畢，才去皇帝那裡覆旨，大意類似現在的醫師在體檢單上所寫的「一切未見異常」云云。

是什麼力量讓初時不肯脫衣的梁女瑩小姐開始自己動手解衣的呢？很簡單，梁女瑩是受了「皇后」兩字的暗示，知道不做出「犧牲」就當不成皇后，所以才不得不就範。威嚇不成，利誘卻奏效了。而且這種利誘還是個空頭支票，只有在對方體檢合格的情況下，才有可能兌現。

在生意場上，類似的策略被稱之為銷售誘惑，即在談話過程中以利誘人，投其所好，想方設法激起對方的興趣。哈里・艾倫・奧弗斯特里特（Harry Allen Overstreet）甚至在《影響人類的行為》（*Influencing Human Behavior*）中說：「行動出自我們基本上的渴望⋯⋯而我所能給予想勸導他人的人 —— 不論是在商業界、家庭中、學校裡、政治上 —— 最好的一個忠告是：首先，撩起對方的急切欲望。能夠做到這點的人，就可掌握世界；不能的人，將孤獨一生。」

事實上，這句話不免誇張，但很多成功人士都非常擅長銷售誘惑，卻是一個不爭的事實。我們來看看美國鋼鐵大王卡內基的故事。

安德魯・卡內基只上過四年小學，剛開始進入職場時，他每小時的薪資只有兩美分。但他一生共向社會捐贈了三億六千五百萬美元，之所以如此，就在於他在很小的時候就掌握了銷售誘惑的奧祕。

有一次，卡內基的嫂子因為擔心她的兩個小孩生了病。原來，兩個孩子都就讀於耶魯大學，「忙」得連寫信回家的時間都沒有，一點也不理會母親寫給他們的信件。

卡內基知道後，就笑著跟嫂子打賭，說他不用在信上要求兩個姪子回信，就可以讓他們迅速回信，否則自己願意輸給嫂子 100 美元。嫂子不相信，也沒興趣打賭，一個鄰居倒不服氣的要跟卡內基打賭。

於是，卡內基寫了一封閒聊的信給兩個姪子，並在信後附帶地說，他隨信寄給了他們 5 美元。事實上，他並沒有把錢附在信裡。

果不其然，很快，回信來了，兩個姪子都非常感謝「親愛的安德魯叔叔好心寫來的信」，不過他們都問卡內基，「為什麼在信裡沒有找到那 5 美元？」

看到這裡，你一定已經明白了，即使是親如母子，有的時候甚至也不如 5 美元。這裡我們拋開人性這個大問題不談，事實上在商場上誰也繞不過利益。恰到好處的運用銷售誘惑，就能讓人心甘情願地與我們合作。

▎少傾訴，多傾聽 ▎

首先讓我們聽一則演講的故事：

古希臘哲學家蘇格拉底（Socrates）長於辯論，擅長演講，當時有不少年輕人向他請教怎麼演講。有一次，一個年輕人為表現自己，在蘇格拉底面前滔滔不絕地講了許多話。等他好不容易停下之後，蘇格拉底說：「我可以教你怎麼演講，但你必須繳雙倍學費。」年輕人驚詫地問道：「為什麼要我加倍呢？」蘇格拉底說：「因為我得教你兩樣功課，一門是怎樣學會閉嘴，另外一門才是怎樣演講。」年輕人聽了羞愧地低下了頭。

現實生活中，類似的人不在少數。他們稱得上才華橫溢，見多識廣，說起話來口若懸河、頭頭是道。一般情況下，人們都會以為，這樣的人一定是交際高手，其人緣肯定不差。但事實卻恰恰相反 —— 這樣的人，給人的感覺就一個字：煩。為什麼？因為與人交談時，他們總是習慣將自己放在主要位置，自始至終一人獨唱主角，喋喋不休地推銷自己，滔滔不絕地訴說自己的故事。記得有個名人說過，很多人之所以在人群中混不開，

並不在於他們說錯了什麼，而是因為聽得太少，或者不注意傾聽。

也就是說，我們要少說多聽。哲人曾經說過：造物主給了我們兩隻耳朵一張嘴，就是要我們多聽少說。況且，嘴還有另外的功用 —— 吃飯，而耳朵只用於聆聽，所以我們更要少說多聽。

美國人喬‧吉拉德（Joe Girard）是汽車銷售高手，他曾經創造過一年推銷 1,425 輛汽車的世界記錄，被同行譽為「最偉大的銷售員」。有一次，一位記者向喬‧吉拉德問道：「喬‧吉拉德先生，你是怎麼成功的？祕訣是什麼？」

「我並沒有什麼法寶。我能夠贏得客戶，關鍵在於掌握好了兩件事，一是傾聽，二是微笑。」接著，喬‧吉拉德講了自己的一段經歷：

三年前的一天下午，我向一位顧客推銷汽車，一切非常順利。但是就在他準備掏錢付款之際，一邊的一位工作人員跟我談起了前天晚上的籃球賽，與此同時，那位準備買車的顧客也向我提起了他的兒子，他十分自豪地說：「喬，我兒子要畢業了，他以後要當醫生。」

說良心話，我喜歡籃球，因此不免冷落了那位客戶。於是，我一邊聽著工作人員神侃他的球技如何，一邊應付著顧客：「那太棒了。」

「喬，我的孩子很聰明，」顧客繼續說道：「還在他嬰兒的時候，我就發現他是個天才。」

「那麼他的成績應該很好。」我回答著，但眼睛卻看著那位工作人員。

「在他的班級裡，他是最棒的。」顧客接著說道。

「那他以後打算做什麼？」我一邊看著那個工作人員的表情，一邊問出了這個愚蠢的問題。

「我告訴過你的，喬，他要當醫生。」

是的，他是說過，而我忽略了，我曾經試圖補救，但是還沒等我反

應過來，顧客也意識到了這一點。他看著我說道：「對不起，喬，我該走了。」就這樣，一樁生意因為我不注意傾聽泡湯了。

從此以後，我開始學會了傾聽，你知道，我現在的生意經比以前更好了。

對於普通人來說，傾聽的最大用途就是可以幫助他人減輕心理壓力。相信大家都有這樣的體會，每當我們遭遇逆境時，總會有找個朋友一吐為快的想法。科學研究證明，對於焦慮、失望、難過等心情，認真、有效的傾聽往往能夠在不經意中達到有效緩解的作用。美國內戰初期，當時的總統亞伯拉罕‧林肯（Abraham Lincoln）曾陷入危機四伏的境地，他的心情自然沉重無比。於是，他找來了他的老朋友，向他傾訴自己的心事。當老朋友離開時，林肯的心情已經舒暢多了。因此，當有朋友來找我們傾訴時，我們一定不要拒絕，否則我們很可能會與好友產生隔閡。相反，如果我們能夠認真的傾聽朋友的心事，並盡力幫助他們，那麼彼此之間的感情無疑會更上一層樓。

那麼，傾聽是不是就意味著坐在那裡聽對方說個不停呢？答案無疑是否定的。俗話說：「會說的不如會聽的，」這裡的「會」字，就表示傾聽也有技巧。而實際上，聽不僅需要技巧，更是一種比說還要高深的學問。通常情況下，要想成為一個好的聽眾，必須掌握以下「聽」的要領。

第一，專心。聽人說話時，必須全神貫注、專心致志，只有這樣，我們才能夠緊跟對方的思想，發現對方的真實想法，從而在交流時做到有的放矢，引起共鳴。心不在焉、東張西望，不僅是對他人的不尊重，而且很容易使我們漏掉某些內容，從而造成雙方溝通障礙，甚至引起他人反感。

第二，耐心。即使對他人的話題不感興趣，我們也應該出於禮貌洗耳恭聽，尤其是對方談興正濃時，我們更要耐心地聽下去。當然了，如果對

方的話題太過無聊，甚至令人難以忍受，我們也可以對其做出暗示。對方如果識趣，也一定會中止話題或改變話題。但在任何情況下，我們都不能流露出厭煩的神色，以免影響雙方交往。即使你不想與對方交往，但這樣做起碼對我們沒有害處。

第三，虛心。無論對方說得對錯與否，我們都應該在對方說完之後再發表自己的意見，絕對不可以中途插嘴，一吐為快。當對方因為思路中斷或知識有限無法繼續說下去時，我們還應該適時提醒，以免對方尷尬。與此相反，隨意打斷他人、任意發表意見，或者嘲笑對方，都是極為失禮的表現，其結果也只能是引人反感。

第四，互動。聽別人說話並不是一味地坐著不動，一個高明的聽眾，應該跟著說話人的思緒，並適時的用簡短的語言（如「對」、「是」等）或者點頭、微笑等動作與對方進行互動，表示雙方所見略同。當然了，輪到我們發言時，我們也沒有必要說個不停，而是應該適可而止，做一個好聽眾。

‖ 能說還要會問 ‖

行銷界有一句口訣叫做「問對問題賺大錢」，說的是那些成功的生意人與客戶交談時，並不是一味地喋喋不休、賣弄口才，而是都非常懂得問問題。之所以如此，蓋因提問有助於我們摸清對方的底牌，並引導對方走向我們的預設目標。

幾乎每個銷售員在接受培訓時都聽過下面的案例：

有兩家賣粥的小店，每天上門的顧客差不多，但晚上結算時，左邊這家總比右邊那多出將近 1/3 的收入，天天如此。

原來，當人們走進右邊那家粥店時，服務員總是笑臉迎人，手腳敏捷地為顧客盛上一碗粥，並問顧客：「要不要加蛋？」

如果客人說「加」，服務員就幫客人加上一個雞蛋。但顧客的需求不盡相同，有說加的，有說不加的，比例大概各占一半。

而走進左邊的那家粥店，服務員同樣是微笑迎人，盛上一碗粥，但問的卻是：「加一個蛋？還是兩個蛋？」

客人多半會笑著說：「加一個。」

當然也有不吃雞蛋的，但是極少。因此一天下來，左邊這家就要比右邊那家粥店多賣出很多雞蛋。

當然了，實際運用當中，「問對問題賺大錢」絕不是詢問顧客加幾個雞蛋這麼簡單。問對問題賺大錢，關鍵在於「問對」，如果問得不對，還會帶來負面影響。比如對方的隱私、比較刁鑽的問題、對方很可能不知道的問題等等。

那麼，怎麼才能做到「問對問題」呢？事實上，由於顧客之間存在個體差異，這個問題絕沒有什麼固定公式。有鑑於此，我們將生活中幾種比較常見且實用的提問方式羅列如下，以供讀者朋友面對不同類型的顧客時區別使用：

旨在激發好奇心的問題

大多數人普遍存在著獵奇心理，能夠抓住這一點，就可以讓你在最短時間內接近對方。比如：某服裝廠業務員小趙，多次被某大型百貨商場的老闆拒絕。經過調查小趙得知，對方之所以如此，是因為該商場的服裝專場一直在銷售另一家公司的服裝，負責這一業務的主管認為沒有必要再進別家的產品。

於是，小趙對其進行了有針對性的拜訪。他早早來到該主管的辦公室，還沒等對方下逐客令，小趙就直截了當且非常誠懇地問道：「您能給我十分鐘時間，就一個經營上問題，讓我提一點建議嗎？」

小趙的話引起了主管的好奇心，於是主管請他坐下詳談一下。至此，不管雙方接下來的談話是否順利，至少小趙已經掌握了主動，為他成功說服主管打下了良好的開端。

旨在滿足虛榮心的問題

實際上這是一種變相的讚美。大多數人都有好為人師的嗜好，特別是那些自認為經驗豐富和取得了一些成就的人。為了迅速地接近他們，也為了讓對方願意接納你，你不妨使用「求教式」提問法，比如：我非常想知道，您是怎樣在一窮二白的條件下創立了這麼大的事業的？給他們一個展現自我的機會，就是給我們自己機會。

如日本保險大王原一平，他最初去拜訪建築企業的老闆渡邊先生時，渡邊並不想理會原一平，一見面就給原一平下了逐客令。原一平沒有退縮，而是問渡邊：「渡邊先生，我們的年齡差不多，但您為什麼能如此成功呢？您能告訴我嗎？」

面對求知若渴的原一平，渡邊不好意思拒絕。於是，他請原一平坐下，然後繪聲繪色地講起了自己的創業史。這一講就是三個多小時，由始至終，原一平除了認真地傾聽，還會在適當的時候提出一些問題，以示請教。最後，原一平並沒有提到自己的主題 —— 保險，而是對渡邊說：「我很想為您寫一份有關貴公司的計畫，可以嗎？」渡邊欣然答應。

回去後，原一平花了三天三夜的時間，準備了一份非常有價值的計畫書。後來，渡邊依照該計畫書，結合公司的實際情況具體操作，結果效果

非常顯著，公司業績提高了 30%！渡邊非常高興，把原一平視作最好的朋友。自然，原一平也「承包」了渡邊建築公司的所有保險業務。

旨在甄別潛在顧客的問題

在銷售過程中，銷售人員能否把商品賣給顧客，關鍵還取決於顧客。而決定顧客是否購買的主要原因有三方面：一、顧客是否有錢購買；二、顧客是否具備購買的決定權；三、顧客是否具有購買欲。換句話說，對於不具備這些條件的顧客，你就不應該浪費感情和口水。那麼，怎樣才能判斷對方是否是自己的潛在顧客呢？一般來說，我們可以透過問對方一些謹慎的、一般性的問題，然後分析其回答找到答案。

比如：某電腦銷售員經常這樣問：

「您正在使用的電腦是哪個品牌？」

「您準備把電腦放在睡房還是書房？還是其他地方？」

「您一天大約上網幾小時？」

「您買電腦主要是娛樂還是工作？」

透過一系列的問題，他就可以較準確地判斷出對方是一個真正的潛在顧客，還是只湊熱鬧而已。

旨在掌握主動的反問

有些顧客喜歡提一些與產品無關緊要乃至刁鑽的問題，這時候千萬不要煩，因為只需一句反問，我們不僅能重新掌握主動，還能進一步了解對方的潛在心理。比如當顧客問：「您這口紅還有其他顏色的嗎？」你就可以反問對方：「請問您喜歡什麼顏色的？」

旨在警告對方考慮後果的問題

　　對於那些試圖挑戰規則，不按規矩出牌的人，必須及時地暗示一下，這時候，恰到好處地運用提問的方式就顯得非常必要，一來這可以敲山震虎，二來也不傷和氣。比如：「您是講究商業道德的，當然不會隨便更改合約的，對吧？」

旨在討價還價的問題

　　如果對方開出的條件不太理想，或者對我們提的條件過多，不妨用提問的方式和他討價還價。比如：「如果我們增加購貨量，貴方能否在價格上優惠一些？」

旨在確認判斷的問題

　　如果對方的觀點比較含糊，不妨這樣問他：「根據我的理解，貴方是不是要增加訂單？」

旨在引導對方的問題

　　也就是像前述賣粥服務員那樣，透過提問的方式，將自己的意志強加給對方，讓對方在有利於自己的範圍內選擇答案。如：某商場休息室經營咖啡和牛奶，剛開始服務員總是問顧客：「先生，喝咖啡嗎？」或者「先生，喝啤酒嗎？」結果銷量平平。後來，老闆要求服務員換一種問法：「小姐，請問您是喝點咖啡還是啤酒？」結果銷量大漲。

　　這一原則還適用於邀約。運用時可變「您哪天有時間，我們面談一下」為「您明天有時間還是後天有時間？」

第 07 堂課　口才—生意是談出來的

第 08 堂課
選擇 —— 選對池塘釣對魚

當興趣遭遇金錢

有一次，一位美國神父前往一座醫院，為一位生命垂危的病人主持臨終前的懺悔。但在醫院裡，他卻聽到了這樣一段話：「仁慈的上帝！我喜歡唱歌，它是我的生命，年輕時我就立志要唱遍美國。身為一名黑人，我實現了這個願望，我沒有什麼要懺悔的。現在我只想說，感謝您，仁慈的上帝，您讓我愉快地度過了一生，並讓我用歌聲養活了我的 6 個孩子。現在我的生命就要結束了，但我死而無憾。仁慈的神父，現在我只想請您轉告我的孩子，讓他們做自己喜歡做的事吧，他們的父親是會為他們驕傲的。」

病人的話讓神父感到非常吃驚，因為他的全部家當就只有一把破木吉他。但四十年來，他每到一處，就把頭上的帽子放在地上，如痴如醉地賣唱，感動他的聽眾，換取他應得的報酬。

病人的話讓神父想起了幾年前主持過的一次臨終懺悔，那位大富翁臨終前的懺悔竟然和這位黑人流浪歌手差不多，他說：「仁慈的上帝，我喜歡賽車，我從小研究它們、改進它們、經營它們，一輩子都沒離開過它們，更重要的是，我在愛好它們的同時，還從中賺了大筆的錢，所以，我沒有什麼要懺悔的。」

當天晚上，神父思索良久，最後他提筆給報紙寫了一封信：「人應該怎樣度過自己的一生才不會留下悔恨呢？我想只要做到兩條就夠了：第一條，做自己喜歡做的事；第二條，想辦法從中賺到錢。後來，這兩條準則成了大部分美國人信奉的準則。」

其實，這兩條準則同樣適用於我們。人不是為賺錢而生的，人是為意義而生的。如果你覺得某一件事情（必須是積極的）既有意義，又恰恰是自己喜歡的，那你就應該去從事他，這樣你的人生才會充滿樂趣。但是意

義也好，興趣也罷，對於一個餓著肚子的人來說都是不理智的，意義不能當飯吃，不能產生效益的興趣往往會讓人覺得越來越無趣，所以，你要學會從你喜歡做的事情中賺到金錢。如果你能做到這一點，你的人生就不會留下什麼悔恨。

華倫‧愛德華‧巴菲特（Warren Edward Buffett）說過：「我所想要的並非是金錢。我覺得賺錢並看著它慢慢增多是一件有意思的事。」在拜金主義的發源地美國，巴菲特被稱為「除了父親之外最值得尊敬的男人」。人們為什麼尊敬他？首先是因為他有錢，其次是因為他不貪戀金錢。他的遺囑就是最好的證明。在遺囑中，他決定把個人資產的99%捐給慈善機構，只把1%留給自己的孩子們。用他的話說，「我希望我的孩子們有足夠的錢去做他們想做的事情，而不是因為有太多的錢而什麼也不做。」

不過最重要的問題永遠是 —— 巴菲特為什麼能賺那麼多錢？巴菲特說過：「哲學家們告訴我們，做我們所喜歡的，然後成功就會隨之而來。投資對於我來說，既是一種運動，也是一種娛樂。」把投資當成娛樂，把大盤、K線、當沖、報表當成娛樂，至少筆者做不到。但巴菲特自小就對數字有著濃厚的興趣，並顯示出超常的數位記憶能力。他最喜歡與夥伴拉塞爾一起記錄街道上來來往往的汽車牌照號碼，或者由拉塞爾讀出書上的一大堆城市名稱，由巴菲特相應地報出該城市的人口數量。9歲那年，兩人曾經把一家加油站的蘇打水機器裡出來的瓶蓋全部揀回家，並儲存在地下室裡。他們為什麼要這麼做？他們是在做市場調查，他們想知道哪一種飲料的銷售量最大！

阿爾伯特‧愛因斯坦（Albert Einstein）說過，興趣是最好的老師。古人亦云：「知之者不如好之者，好知者不如樂之者。」籃球巨星也說過：「最重要的就是去做你真正想做的事情，跟著興趣走。」興趣對於成

功有著強大的推動力，它能變無效為有效，化低效為高效，乃至化腐朽為神奇。泰隆‧博格斯（Tyrone Bogues）自幼身材矮小，但他卻從小愛上了巨人運動籃球。自從 8 歲那年擁有了一個真正的籃球後，他睡覺抱著球，出門帶著球，即使是倒垃圾時，他也是左手拎著垃圾袋，右手運球，往往把垃圾搞得到處都是。有一次，博格斯對自己的朋友們說，以後要到 NBA 打球，朋友們聽了哈哈大笑，有的人甚至笑得倒在了地上。一個朋友說：「像你這樣的『小松鼠』，也能打 NBA ？等著奇蹟發生吧！」博格斯非常傷心，他問媽媽自己還能不能長高，他媽媽就鼓勵他說你一定能長高，而且還能成為全美都知道的大球星。媽媽的話堅定了他的信心，雖然他的身高最終定格在了一米六，但這絲毫不影響他的球技突飛猛進。1986 年，他還入選了美國國家隊，在第 10 屆世界男籃錦標賽中幫助美國隊戰勝了蘇聯隊，獲得了冠軍。

當然，我們永遠不能忘了當今社會的核心力量 —— 金錢。一件事情，即使你再有興趣，如果不能從中賺到錢，足夠的錢，那麼你的興趣幾乎等同於「玩物喪志」。如何把興趣與金錢處理得更加和諧一些呢？首先就是加強修練，一件事情，往往只有做到高級境界才能賺到錢，否則，它非但不能給你帶來錢，相反只會讓你往裡搭錢。比如有的人喜歡唱歌，也想從中賺到錢，但他們唱起來連歌詞都記不住，這樣的未來歌星誰敢恭維呢？其次是適時放手。我們還以唱歌為例，有些人非常喜歡唱歌，甚至到了要死要活的程度，但唱歌需要一定的天賦，如果你天生五音不全，那麼你就試著自己娛樂一下就得了，千萬不要指望吃這碗飯。你感興趣的未必只有這一項，為什麼不試試更適合你的呢？

當然，我們也不能總拿興趣說事。當興趣遭遇金錢，興趣毫無疑問應該讓路。有企業家說過：「我從來沒喜歡過英語，但是後來我發現英語成

了我生命中的工具……在登山的時候，你會在乎登山杖你喜歡不喜歡嗎？不會，你只會在乎能否幫你登上山頂。那麼英語就是我的登山杖，儘管我不是特別的喜歡，但我知道我要想攀上更高的人生的山峰，就必須依靠這個登山杖……」

‖ 沒有錢的地方錢最多 ‖

王海峰是明代晉商。在他生活的年代，晉商外出經商大多是西到秦隴，東到淮浙，西南到蜀。王海峰一開始也是去上述地方經商，但時過不久，他便東走青滄，到人們不願意去的長蘆鹽區去經商。青是指青州；滄是指滄州。這兩個地方是明代的鹽區，由於官僚顯貴、豪紳奸商上下勾結，鹽區的運銷不能正常進行，商人紛紛離去。但王海峰認為，這裡是春秋時齊國管仲收魚鹽之利的地方，陶朱公也是據此富致千金，經商就是要人棄我取，人去我就。因此，他沒有聽從友人的勸告，義無反顧地去了鹽區。經過必要的了解和實踐，他向政府提出了整頓鹽制、嚴禁走私的建議。政府展開整頓後，鹽區迅速繁榮起來，鹽商蜂擁而至，作為先行者的王海峰自然成為了其中的翹楚。明代大學士張四維在文章中說他動輒萬金毫不在意，其資產之雄厚可想而知。

有句話說得好，「沒有路的地方路最寬，沒有錢的地方錢最多。」王海峰開拓藍海市場的事例足以證明這一哲理。賺錢就是要「不走尋常路」，路不好走，大家就不會去走，走在這樣的路上，自然省去了很多競爭。大家都擠到一條狹窄的小路上，勢必擁擠不堪，乃至形成「千軍萬馬過獨木橋」的局面，又哪來的利潤可圖？

受一本美國暢銷書的影響，很多人都學會了一句理論：選對池塘釣對

魚。事實證明，我們的確應該選擇適合我們的池塘去釣魚。但很多人除了記住了這句理論本身之外，絲毫無力改善自己的財富現狀。原因倒也簡單，大家都去「選池塘」了，通往池塘的道路必定會變得擁擠不堪，別說釣魚，能不能在魚兒被釣光之前趕到池塘都是個問題。

換言之，如果有人告訴你，某某池塘有大魚某人昨天剛剛釣上來了我們也趕去吧。你千萬別去，要去就去那些沒人注意的水域。

先哲有句話，叫作「夫唯不爭，故天下莫能與之爭」，意即正因為不與人相爭，所以全天下都沒有人能與他相爭。很多人想不明白：不讓我與人相爭，我怎麼生存？怎麼發展？其實這裡所說的「不爭」並不是讓人徹底放棄競爭、所示乃至爭鬥的意思，而是說要學會有策略的爭。我們縱橫商海，追求財富，利益當然是必爭的，也正是因為每個人都要爭利益，所以大家會不約而同地奔著那些顯眼的利益而去，結果一大群人擠作一堆搶成一團，到最後不僅連回家的路費都搶不到。反過來說，如果我們放棄爭搶那些所謂的熱門，進而發掘市場上的冷門，自然就不會引起別人的注意，沒人注意，自然就沒人爭搶，沒人爭搶，藍海的利潤和市場當然由你說了算。等到後來人發現其中的奧祕，你早已經賺得盆滿缽滿，他們又怎麼能夠爭得過你？

《史記》中記載了這樣一個故事：

秦始皇在統一六國的過程中，為防止已滅亡的六國王室「春風吹又生」，索性來了個強制性的大搬遷，每滅一國，必將該國的富庶大家連根拔起，遷至西部，便於監視。

西元前228年，秦國滅掉了趙國。不久，部分以大富商大地主為代表的趙國人民就踏上了前往西部的旅程。當時可不像現在這麼交通發達，至少有上千里的路程，人們只能一步步用腳丈量。能不能少走點路呢？能。

等一行人走至葭萌關時，一些人開始賄賂押解他們的秦軍，希望各位「軍爺」行行好，就讓他們在此安家。這些秦軍倒真有些「拿人錢財與人消災」的職業素養，當即應允。於是，西行的趙國人大部分在這裡停頓了下來。但是也有例外的，比如有一對卓氏夫婦，他們也像別人一樣，行賄秦軍，但他們卻對秦軍提出了一個不近人情的要求：請允許我遷到更遠的臨邛去。蜀道豈是那麼好走的，好幾百里山路，還推著行李，想想都讓人腳疼！而且沒有意義啊！去那做什麼？但不管怎麼說，秦軍答應了這個請求。於是這對夫婦繼續上路，又向南走了數百里，最終抵達了臨邛。臨邛有什麼？有鐵礦。卓氏夫婦有什麼？有冶鐵技術。鐵山碰上冶鐵技術，那就是金山。卓氏在臨邛以廉價食物招募貧民開採鐵礦，冶煉生鐵，鑄造工具，不僅供應該地民眾生產生活所需，還遠銷周邊地區。短短數年，卓氏就成為了巨富，擁有家僮千人。後來，卓家的後人還為歷史文化做出了突出的貢獻，歷史上大名鼎鼎的「當壚賣酒」的卓文君，就是卓氏後人卓王孫的女兒。

秦朝末年，類似的財富傳奇再次上演：有個姓任的商人，由於他的先祖做過督運糧食和糧倉管理的官吏，因此他深知糧食的多少、糧價的高低與局勢的穩定有著直接的關係。後來秦朝敗亡在即，天下大亂，各路豪傑衝進大秦帝國的金庫大肆搶掠，進行國家財富再分配。唯有任氏不為所動，而且他還千方百計地收購糧食，用密窖藏起來。後來，劉邦和項羽在滎陽展開了長達四年的拉鋸戰，弄得民不聊生，耕地荒蕪，糧價陡漲。待米價漲到每石一萬錢時，任氏適時開倉售米，大發其財。這個故事再次告訴我們，財富總是在無人爭搶的地方，而無人爭搶的地方就是別人看不到或者不屑一顧的地方。賺錢不難，難的是找對一條少有人走的路並堅定的走下去。

∣ 複製成功也是成功 ∣

「沒有錢的地方錢最多」，但這並不意味著所有選擇沒有錢的地方投資的人，一定能賺到錢。因為按照帕雷托 80/20 法則，能夠在市場開拓前期就看到商機並參與其中的人其實極少，那需要非凡的眼力和魄力。也就是說，如果你不確定自己就是「極少」中的一員，你就應該本著「小心駛得萬年船」的理念，走一條比較穩當的路。

不過一點都不必懊惱，這絲毫不會影響我們賺錢。比如說，買可樂時，你一定非可口可樂不買嗎？大多數人肯定會說：不，百事可樂、非常可樂都行，只要能解渴就行……其實就像有可口可樂就有百事可樂一樣，所有的成功模式都可以複製。沒有人可以壟斷成功，只要是成功的經驗，我們就可以拿來借鑑。時刻謹記，再值得稱道的失敗也是失敗，複製別人的成功也是成功。我們要的只是賺錢，而不是失敗的創新。

1922 年，美國人德威特・華萊士（DeWitt Wallace）創辦了《讀者文摘》（*Reader's Digest*），經過整整 20 年的培養，《讀者文摘》終於成長為全世界發行量最大的雜誌之一，風靡全球。可是就在此時，約翰・強森（John H. Johnson）創辦了風格極其雷同的《黑人文摘》（*Negro Digest*），他只是把創刊的目的改成了「樹立黑人形象，樹立黑人的尊嚴」，結果大獲成功。後來，他又模仿《生活週刊》創立了《黑檀》（*Ebony*）。為了獲取廣告收益，他拋開種族歧視的忌諱，首先將收音機生產商詹尼茲定為《黑檀》的廣告客戶目標，並且成功地說服了詹尼茲。此後不到 1 年，不少大公司都在詹尼茲的影響下，相繼在《黑檀》上刊登了廣告。強森再度獲得了成功。

有道是「十個人九個商」，我們身邊很多人都想創業，但卻大多苦於

經驗和資金不足，不是望洋興嘆，便是開張幾天便貼上了「本店頂讓」的告示。如何才能實現小成本大運作，走出一條屬於自己的成功之路呢？看著滿大街生意興隆的店鋪，如何你能耐下心來與店員或老闆攀談 5 分鐘，或者借購物的機會在店裡留心觀察 5 分鐘，你也許就能找到答案，因為任何成功的模式都可以複製，關鍵就在於你能否發現他們的成功關鍵。

如果說學習別人的優點也不對的話，這世上還有什麼事情是對的呢？其次，模仿，容易操作。前面有車，後面有轍，別人怎麼走，我們便有樣學樣，這對初學乍練者來說不僅容易上手，也不失穩當。再次，也是最重要的一點，成本低廉。世界上只有一個愛迪生，讓一個沒有發明天分的人去做專利創造，無異於趕牛上樹，浪費資源。同樣的道理，讓一個暫時還不具備自主創新能力的人或企業去創新，一來條件上不允許，二來時間上也不允許。創新可不是一朝一夕的事。從一定程度上說，創新就是燒錢。先模仿著，先賺著，有資本了、有一定的模仿能力了，再創新也不遲。模仿都不會模仿，談什麼創新？從這一點上說，模仿其實是創新的必經過程。

其實，就連我們無比羨慕的亞洲首富李嘉誠，一開始也是靠複製別人才走向成功的。

1957 年的一天，李嘉誠翻閱雜誌時被一則資訊吸引：義大利一家公司開發出了利用塑膠原料製成的塑膠花，即將投入生產，目標為歐美市場。一直苦苦尋找突破口的李嘉誠，如迷途的夜行人看到亮光，興奮不已。但他也知道，廠商肯定對新產品技術高度戒備。按理說，他應該名正言順地購買技術專利，但一來長江廠小本經營，絕對付不起昂貴的專利費；二來廠商絕不會輕易賣出專利。

情急之中，李嘉誠想到一個絕妙的辦法。他登上飛往義大利的班機，到這家公司做了一名雜工。在廠裡，他利用工作之便，推著小車在廠區各

個工段來回走動，把塑膠花的生產流程全都看在眼裡，並且記了下來。休息日，他還請廠裡的技術工們吃飯，千方百計地套問他們關於技術方面的問題……此後幾年，塑膠花為李嘉誠帶來了上億元的盈利，李嘉誠成了世界有名的「塑膠花大王」。

　　遺憾的是，很多人卻沒有笑到最後，這也說明，一味照抄並不見得能取得成功。可見，所謂複製，應該是複製其經驗、思路，而不是簡單地複製別人的成功模式。

　　說到底，複製是走向成功最簡單、迅捷的途徑，但是最終實現想法、決勝天下，你還必須具備根植於現實的原創性想法，這遠比模式移植和技術克隆重要得多。

第 09 堂課
人品 —— 小勝憑智，大勝靠德

┃人品決定產品，產品決定品牌┃

　　人品決定產品，產品決定品牌 —— 這不僅僅是針對企業家說的。大千世界，芸芸眾生，每個人，每一天，都在有意無意地經營著自己的品牌。不然，別人說你兩句壞話你為什麼不高興？

　　同樣一雙鞋，有的售價上萬，有的只賣幾百元。這就是品牌的力量。同樣都是人，有的人人見人愛，花見花開，有的人卻被視為公害，跟他說句話都覺得可恥。這同樣是品牌的力量。

　　有人品的人，即便能力稍微差點，別人也願意跟他合作，願意給他機會；沒人品的人，能力越大，越是禍害人，時間長了，自然沒有人願意理他，成就自然有限。

　　古人云，「君子固窮富天下」，從一定程度上說，只要擁有了人品，想不成功、想不賺錢好像都很難。這一點，仔細觀察社會上的成功人士就可以明白。

　　20 多年前，一個普通的美國家庭主婦凱薩琳在加州開了一家麵包公司。開業伊始，她就為自己訂下了「以誠取信」的原則，並時時刻刻一絲不苟地去執行。

　　為了吸引並取信消費者，凱薩琳在包裝上特別注明了麵包的烘製日期，宣稱絕不賣超過 3 天的麵包，保證每一個麵包都是「最新鮮的食品」。為此，公司還專門配備了好幾輛專門用來回收過期麵包的「回收車」。

　　有一年秋天，一場大水導致加州糧食緊缺，麵包供不應求。但凱薩琳依然堅持自己的原則，每天照常派人回收「過期」麵包。

　　這天，一輛回收車拉著一整車從幾家偏遠的商店回收來的「過期麵

包」回公司，不料在返程途中被一群飢民截住了，他們一擁而上，一定要買麵包充飢。運貨的司機礙於公司規定，說什麼也不肯賣，飢民們一邊指責司機不近人情，一邊把車子團團圍住，有些人甚至咒罵起來，準備動手開搶。

關鍵時刻，剛好有幾個記者路過，了解了事情的經過後，記者們也覺得司機太死板，勸他說：「現在是非常時期，你就把這車麵包賣了吧，總不能讓人們餓著吧！」

司機哭喪著臉說：「不是我不肯賣，實在是我們老闆規定太嚴格，如果把過期麵包賣給他們，我的飯碗就砸了！」他還是不敢賣。

「難道你就不能變通一下嗎？」記者們也生氣了。人們吼叫著，再次圍了上來。

變通一下？有了！司機急中生智，他一臉神祕地湊到一個記者的耳邊說道：「賣，我是說什麼也不敢賣；不過，如果他們強行上車去拿的話，不就沒我的責任了嗎？讓他們把麵包拿走，憑良心丟下幾個錢表示一下就行了。」

記者把司機的意思婉轉地一說，大家恍然大悟，一會兒時間麵包就被強買一空。那位聰明的司機還讓記者幫忙拍了幾張他假意阻攔人們強買麵包的照片，以便回去向老闆交代，並且叮囑記者們，千萬不能把這件事的底細披露出去，否則自己的飯碗就難保了。

但是第二天，這幾位記者就把這件事在報紙上登了出來，並著力渲染，成了轟動一時的新聞。透過記者的筆墨，凱薩琳公司「一誠不變」的經營原則給消費者們留下無比深刻的印象，一時間，凱薩琳麵包公司聲譽陡增，麵包銷售供不應求，不到半年營業額便狂增 5 倍，凱薩琳一舉成為了響噹噹的「麵包女皇」。

寫到這裡，不得不說說有些商人們。「無商不奸」—— 這是很多人對商人歷來且普遍的看法，事實上，這一點沒冤枉他們，很多人絕對當得起「奸商」二字，那些生產假冒偽劣產品、黑心食品欺騙消費者的店家也就不提了，單是生產各種「毒物」的店家就層出不窮，應該說，發黑心財的人遠不止這些，我們看到的只是冰山一角。但是很明顯的一點，類似的企業沒有一個能夠做大做強。他們都贏得一時之利，但最終都難逃消費者的唾棄和法律的嚴懲。做企業，無非是做人，把人做好了，產品品質有了保證，消費者自然會認可。

‖ 先做朋友，再做生意 ‖

「不想當老闆的員工不是好員工」，這是網路上流行的一句話 —— 一句廢話。誰不想當老闆呢？問題是對一個白手起家的昔日員工來說，怎樣才能當上老闆，當好老闆。

答案倒也簡單。人脈！人是這個社會的基礎，有了人，也就有了錢。著名「脈客」楊耀宇，他本是一個貧窮的鄉下人，卻在短短幾年時間內累積了近億元的巨額財富。他憑什麼？兩個字：人脈！據楊耀宇透露，他的人脈網遍及各個領域，有成千上萬條，數也數不清。

人脈就是錢脈，人脈就是命脈。對於缺錢的人來說，多交幾個朋友，多累積些人脈，甚至比累積知識、累積第一桶金更重要。問題是，有些人的人脈為什麼總也累積不起來？有些人的朋友倒也不少，為什麼關鍵時刻卻一個也不給力？看完下面的故事你就能明白：

幾年前，筆者的同學 A 君砸鍋賣鐵，成立了一家銷售公司，專做某品牌牙膏的代理。由於資金有限，A 君雇不起員工，他打電話給我的一幫老

同學，讓大家一起來「創業」，許諾說只要公司盈利，年終時就按「股份」給大家分紅。當然，大家也得「理解」他創業艱辛，分紅之前就不要談什麼保底薪資了。

細節我們就沒必要交代了。總之，重賞之下，必有勇夫，再加上大家都是老同學，因此十來個人上下一心，一年下來公司有了不小的發展。眼看新年將至，大夥兒都打起了如意算盤，有個急脾氣的同學乾脆直接問起了 A 君，但 A 君卻支支吾吾，一會兒說資金周轉困難，一會兒又說支票有問題，反正始終不願兌現。

A 君之心已經路人皆知，這下可惹惱了同學們，於是大家紛紛利用職務之便，把公司的貨款扣下，不予上交。這自然又引起了 A 君的不滿，結果在一次所謂的「會議」上，大家吵作一團，一個脾氣暴躁的同學乾脆掄起了拳頭，一拳把 A 君打成了獨眼龍……

客觀地說，這位同學的做法肯定不對，但若不是我那不爭氣的老同學 A 君食言在先，大家同學一場，又何至於如此呢？

有個成語叫「過河拆橋」，說的就是 A 君這種人。但這種人注定在商場上走不了多遠。因為「拆橋」的目的，就是不讓別人過河，但這樣做，別人倒是過不了河，自己卻也斷了後路。拆的橋太多了，自己就走上了絕路，更別說什麼財路、門路和發達之路。

當然，過河不拆橋，賺自己應該賺的錢，只是賺錢的基本原則，我們還要學會過橋修橋，過橋立碑，這樣人脈才能越積越廣，事業才能越做越大。很多成功者，我們只看到他們的生意在到處擴展，而往往忽視了他們同時在到處架橋鋪路。正是因為他們過河不拆橋，而且還要修橋立碑，所以才在生意場上越走路越寬，越走路越多，到處都有朋友，都有發展的機會和空間。

　　常言道，「在家靠父母，出門靠朋友」。什麼是朋友？在商言商，商人最重利益，同樣的情況下，讓你，這是朋友；吃虧也給你，好像只有你的父母或長輩肯這樣做。而我們有的人偏偏悟不到這一點，自己的利益一點捨不得分享，別人的利益又總想像啃老一樣據為己有，天下有這麼好的事情嗎？當然沒有，這只不過是那些喜歡吃獨食的人的妄想罷了。

　　曾國藩曾經說過：「美事不可一人占盡。」一件事情可能是你自己拚了老命賺來的，但你卻不能獨享勝利果實，否則就會招來普遍的嫉妒和敵意，那樣的話，你以後就別想在圈子裡混下去。

　　我們結交朋友、累積人脈為的是什麼？事實證明，朋友不是用來出賣的，人脈也不是用來利用的，而是應該互相幫襯。人心換人心，你對別人好，別人也會竭力報答你。

　　當然，交朋友不是一廂情願的事。最後介紹一個經典案例，權當我們這一小節的結尾：

　　1960 年代，金利來集團創始人曾憲梓隻身一人來到香港，憑著 6,000 元港幣和一把剪刀、一臺縫紉機，開始了艱難的創業之旅。當時，為節約開支，曾憲梓身兼數職，既是老闆，又是設計師，還是工人、銷售員、搬運工……

　　一天，曾憲梓背著一大包領帶，到一家外國人開的服裝店裡推銷。服裝店老闆見他一副寒酸，毫不客氣地把他攆出了門外。曾憲梓悻悻而歸，一晚上都沒闔眼。第二天早上，他穿上一身筆挺的西裝，再次來到那家服裝店，恭敬地說：「昨天冒犯了您，很對不起，今天能不能賞光吃早茶？」對方這才看出眼前這位衣著講究、彬彬有禮的年輕人就是昨天的銷售員，頓生好感，爽快地答應了。

　　二人一邊喝茶，一邊聊天，越聊越投機。喝完茶後，服裝店老闆問

道：「你今天怎麼沒帶領帶？」曾憲梓說：「今天是專門來道歉的，不談生意。」對方被曾憲梓的真誠感動了，敬佩之心油然而生，當即誠懇地說：「那明天你把領帶拿來，我幫你銷售！」

後來，這位老闆和曾憲梓成了非常親密的好朋友，極大地促進了金利來公司的事業發展。

∥ 大家好才是真的好 ∥

有這麼一個小故事：

上帝派一個使者去視察地獄和天堂。使者先下到地獄，發現地獄裡的人一個個面黃肌瘦，有氣無力。是地獄裡不給他們吃的嗎？非也，不僅有吃的，伙食還不錯，問題是上帝給他們的湯匙太長，餓得發瘋的人們怎麼也送不到嘴裡。一來二去就會灑到地上，灑到地上就會像人參果一樣馬上消失不見，他們想從地上撿起來都不行，於是地獄裡的人就始終重複著舀食物 —— 夠不著 —— 灑到地上 —— 然後消失的悲慘生活，能不面黃肌瘦嗎？

使者搖搖頭，又上到天堂，發現天堂裡的每個人都紅光滿面，精神煥發。是不是天堂裡的伙食更好呢？不是，使者發現，不僅天堂裡的伙食跟地獄裡沒有差別，而且天堂裡的每個人手上拿的也是長把湯匙。那他們為什麼能夠生活得那麼和美歡暢呢？答案是：天堂裡的人懂得用長把勺互相餵別人吃飯，而地獄裡的人卻只懂得往自己的嘴裡塞。

人性都是自私的，但一個人過於自私，就是沒有人性，也就是人們常說的「小人」。與「小人」相對應的是「君子」，《周易》中說：「天行健，君子以自強不息。地勢坤，君子以厚德載物」，意思是說，君子處世，既要

像天一樣發憤圖強，永不停息，也要像大地一樣胸懷廣闊，承載萬物。

換句話說，一個人不僅要有能力，還要有人品。這是所有人為人處世的終極追求和基礎原則，商人自然也不例外。

據《柳河東集》記載：唐朝時，有個叫宋清的商人在長安賣藥。由於他的藥品質優良，很多病人用後藥到病除，因此受到了人們的稱讚。更令人欽佩的是，當窮人找他賒藥時，他也不以為意，不僅照樣給他們好藥材，還經常毀棄債券，不再索償。碰上有人有急難，他也常常解囊相助。儘管如此，他每年的收入卻非常可觀。有人很不理解，便問他其中的奧祕，他說：「我是個商人，靠賺錢養活妻兒老小，和普通商人沒什麼區別。我賣藥 40 餘年，免了無數人的賒欠，但這並不妨礙我致富，這是因為我每免去一個窮人的賒欠，至少會引起他一家人和所有親戚的感激，時間一長，必定聲名遠播，更有利於我致富。」

有企業家說過：「企業當然要賺錢，錢都賺不了，連生存的可能性都沒有，要講其他肯定是空中樓閣。但是，企業一定要思考，到底是不是只為了賺錢？如果是，賺多少是終極目標？如果終極目的就是賺錢，那麼你可能會不擇手段。比方說，建立在損害他人利益、損害環境的基礎上，只要能賺錢就都去做。」

有記者曾經採訪李嘉誠，問：「俗話說，商場如戰場。經歷那麼多艱難風雨之後，您為什麼對朋友甚至商業上的夥伴抱有十分的坦誠和磊落？」李嘉誠答：「簡單地講，人要去求生意就比較難，生意跑來找你，你就容易做。那如何才能讓生意來找你？那就要靠朋友。如何結交朋友？那就要善待他人，充分考慮到對方的利益。有錢大家賺，利潤大家分享，這樣才有人願意合作。假如拿 10% 的股份是公正的，拿 11% 也可以，但是如果只拿 9% 的股份，就會財源滾滾來……」業界也流傳著這樣的說

法：「跟李嘉誠做生意不需要計算，他都為你計算好了，你沒有利潤，他不會與你做生意。」李嘉誠不是一直最有錢的人，甚至不是最有錢的華人企業家，但他卻是最受尊敬的企業家之一，這不僅是因為他經商成功，更重要的是他身在商界，卻恪守做人的原則，與那些為了利益不擇手段的商人相比，他的商德已經成為業界的楷模。

第 10 堂課
脾氣 —— 脾氣不改，事業封頂

‖ 別把財富嚇跑 ‖

　　做人也好，做企業也罷，首先要知道什麼是枝幹，什麼是末節，處理問題時，千萬不要把目光局限在個人的喜怒哀樂上。

　　人們常說，「不笑莫開店」、「和氣生財」，其本意就是說要想賺錢，就必須要有「忍」的精神。身處逆境，需要忍；身陷貧困，也需要忍；經營銷售過程中，更需要忍。顧客就是上帝，客戶就是衣食父母。怎麼對待上帝和父母？當然得好好侍奉！如果只會爭氣、好面子，不懂得忍耐之道，不曉得伸縮之理，那麼鈔票就會從你眼前溜走。老人們常說，「人與人過不去，但不能跟錢過不去」，想想還真是有道理。

　　喜歡看電影的朋友都知道香港的邵氏兄弟電影公司和著名武打影星李小龍，但很少有人知道下面這件軼事：

　　1970 年代，李小龍以《青蜂俠》一片成功殺進好萊塢，也贏得了香港媒體和觀眾的追捧。不久，李小龍返回闊別 12 年之久的故鄉。在接受香港媒體採訪時，李小龍透露出自己願意回港發展的想法。一石擊起千層浪，幾十家香港製片公司先後向李小龍詢問拍片的條件。但直到兩個月後，李小龍即將返美，真正發出邀請的製片公司一家也沒有。這是因為李小龍提了兩個苛刻的條件：一、影片製作投資不得少於 60 萬港幣；二、影片必須聘請外國演員。在當時，每部香港電影總投資至多 20、30 萬港幣，李小龍的第一個條件，就足以嚇倒大多數製片公司。直到 1971 年初，兩家香港電影公司才不約而同地向李小龍發出了正式的邀請，其中之一便是財大氣粗的邵氏兄弟有限公司，另一個則是囊中羞澀且創立未久的嘉禾娛樂事業有限公司。最終，李小龍投入了嘉禾的懷抱，原因只有一個：李小龍讓邵氏掌門人邵逸夫去美國談判，而邵逸夫連理都沒理。其

實，當初他只要稍微牽就一點李小龍的傲氣，或者只是派個人赴美「一顧茅廬」，很容易就能把「小荷才露尖尖角」的李小龍搞定。

由於同樣的原因，邵氏還曾錯失過許冠文、許冠傑兄弟，當初，兄弟倆攜帶《鬼馬雙星》劇本找到邵逸夫，要求五五分成，遭到拒絕後轉投嘉禾。

不過，邵氏剛剛在香港立足時卻並非如此。著名導演、編劇李翰祥在他的回憶錄中記述道：「（邵逸夫）初到香港時，還真有些寸步難行的味道，想請大明星吃飯都要百般遷就，因為（他之前）試請過幾位大明星一起到他在清水灣的別墅吃飯，結果不僅大牌沒到，連二牌三牌也請不齊。」

同樣一個人，為什麼前後判若兩人呢？一個很簡單的理由：財大氣粗。俗話說，「腰裡沒銅，誰敢橫行」，財富是最能壯膽的東西，「老子有的是錢，還怕請不到人嗎？」這未必是前述三位主人公的想法，但卻是很多尚未脫離低級趣味的暴發戶的真實想法。

現實生活中，或許我們的身邊就有這種人：沒錢的時候，老老實實，低調得接近於委屈，一旦有了錢，立即大變樣：嗓門也大了，脾氣也長了，說話也狠了，走起路來都是螃蟹步，晃晃悠悠，橫行霸道……這樣的人，不僅沒素養，也難成大器。因為金錢如水，只會往低窪的地方流動，壞脾氣、大嗓門和高高在上的姿態，只會把財富嚇跑。

▎管好你的壞脾氣 ▎

美國陸軍四星上將喬治·巴頓（George Smith Patton）號稱「鐵膽將軍」，他脾氣火爆，嫉「懦」如仇，訓斥部下時極為粗魯、野蠻，有些媒體甚至直接稱他為「美軍中的匪徒」。

1943 年 7 月，巴頓擔任美國第 7 集團軍司令，在英國人哈羅德·亞歷山大（Harold Alexander）將軍的指揮下，配合伯納德·勞·蒙哥馬利（Bernard Law Montgomery）將軍的第 8 集團軍在義大利西西里島登陸。一天，他來到後線醫院看望傷患。

巴頓來到一位士兵前面，問他：「你有什麼要求？」

「我要回國。」士兵小聲回答。

「為什麼？」巴頓又問。

「我的聽力不好。」士兵回答。

巴頓沒有聽清楚：「你說什麼？」

「我的聽力不好，我聽不到炮聲。」士兵適當提高了聲音。

這下可惹惱了巴頓，他大吼道：「你是個膽小鬼！你真是個混蛋！」

罵完後，巴頓並不解氣，他上去給了士兵一個耳光，看到士兵流淚，他再次大吼：「不許你這個混蛋哭泣！我不允許一個膽小鬼在我們這些勇敢的戰士面前哭泣！」

士兵受到侮辱，哭聲更大了。巴頓的怒火也更大，他再次上前給了士兵一耳光，還把士兵的帽子丟到門外，並大聲地對醫護人員說：「你們以後不能接收這些混蛋，他們一點問題都沒有，我不允許這些沒有男子漢氣概的混蛋在醫院內占位置。」

說完，他再次對士兵吼道：「你必須到前線去！你可能被打死，但是

你必須去！如果你不去，我就命令人把你斃了！說實在的，我本該現在就親手斃了你！」

結果，這件事情很快被媒體公開，在美國引起軒然大波。很多士兵的母親要求立即撤換巴頓，某人權組織還要求將巴頓送上軍事法庭。儘管後來美國軍方和政界千方百計為巴頓開脫，力爭大事化小、小事化了，但此事最終影響了巴頓的「前途」——1945 年，對德戰爭剛剛結束，巴頓便因脾氣暴躁、作風浮躁、輕率，以及政治上的偏見被撤職。

將軍訓斥士兵，在各國軍隊中屢見不鮮，唯有巴頓因為不能控制自己的情緒，行為偏激引起了全國民眾的強烈反對，為其日後撤職埋下了伏筆，可見無論在任何場合，做任何事情，我們都應該冷靜、沉重，掌握好分寸。只知道發洩自己的怒火，就是用別人的錯誤懲罰自己。不會憤怒的人是庸人，只會憤怒的人是蠢人，只有能夠控制自己的情緒、做到盡量不發怒的人，才是聰明人。

「我也知道發火不好，也想過不少辦法，可事到臨頭就是控制不住我這壞脾氣，真是『江山易改，本性難移』！」這是很多人共同的感受。其實，性格受遺傳因素影響不假，但後天環境、生活習慣、個人修養才是性格形成的決定因素。制怒並不難，關鍵看你是不是發自內心的想改變自己。

曾經有商人向一位禪師討教：「我這個人天生脾氣暴躁，動不動就得罪客戶，不知道該怎麼辦才好？」禪師說：「噢，你天生就有這麼有趣的東西嗎？你的暴躁脾氣帶來了嗎？快拿出來，我幫你治治。」「呵，這怎麼能拿出來？每當事情不順心時，它才會出來。」「這麼說，暴躁脾氣就不是天生的了，它只會偶爾出現，如果在那個時候，你能克制自己，不使它發生的話，哪裡會有什麼暴躁呢？你把自己的暴躁脾氣，說成是父母生的，這是陷父母於不義啊！」商人被說得啞口無言。

　　這個故事再次說明，克制自己才是關鍵。當然，「克制自己」也不是說說那麼簡單。心理學家指出，一般來說，克服暴躁的毛病應該從以下幾方面著手：

- **提高自己的語言表達能力**：正如巴頓控制不住自己打罵士兵一樣，大多數脾氣不好的人也往往具有「訴諸行動」的傾向，他們習慣於用行動而不是用語言表達自己的想法。有鑑於此，他們需要提高自己的語言表達能力，以便在必要時使用描述性語言來表達自己的憤怒，而不是透過暴怒的方式。

- **及時遠離令人憤怒的人或事**：愛發脾氣的人往往內心衝突多、矛盾情感多，一旦別人達不到他們的高要求，或者不能滿足他們的矛盾需要，他們的憤怒就會一觸即發。對此，最好的辦法就是在感到內心不爽時及時迴避，所謂眼不見心不煩，一般來說，及時遠離了令人憤怒的環境，注意力就會轉移，內心自然會漸趨平靜。

- **將心比心，試著為他人著想**：脾氣不好的人往往不能設身處地地理解別人的感受，所以不妨在情緒好時，跟伴侶或朋友進行「身分互換」，讓對方扮演發火的角色，自己親身體驗一下無名被火燒身的感覺。所謂「己所不欲，勿施於人」，相信每一個有過親身經歷的人，都會在以後的日子裡多加注意，逐漸克服暴躁的脾氣。

善戰者不怒，善怒者不富

「善戰者，不怒。」這是《道德經》中的名句。表面看來，這是在談戰爭，實質上老子是透過軍事的角度告誡世人，無論是行軍打仗，還是處世為人，都要學會制怒，即不生氣。「商場如戰場」，從某種程度上來說，商場本身並不產生財富，無非是有人賺，有人賠，在這個循環往復的過程中，產生些許矛盾，乃至你死我活的爭鬥，都在所難免，所以，商人更需要制怒。

美國某心理學家曾做過一個專項實驗，實驗結果表明，人在發怒時會耗費大量的精力，如果持續發怒十分鐘，不亞於參加一次 3,000 米長跑。沒時間做運動的朋友看到這裡可能會高興，但別高興得太早，心理學家還指出，發怒時，人體還會分泌一種兒茶酚胺（catecholamine），這種分泌物比人在其他情緒狀態下所產生的分泌物都複雜，毒性更大。因此，動輒發怒的人很難長壽，很多人的病都是因此而得，最後也是因此而死的。不僅如此，該心理學家還告誡人們：要少吃肉，因為動物在被屠宰時，肯定特別氣憤，牠們體內也會因此產生兒茶酚胺，肉吃多了，自然會影響人體健康。

對於這項尚未得到學術界認可的實驗，我們大可不必認真。但古往今來，因為一怒而玷汙了一世英名，毀掉了萬世基業者大有人在，對此，我們必須引起注意。

「練武不練功，到老一場空。」這是武術界的格言。何謂功？對此並無一個標準的解釋。不過所有的練武者都得制怒，這不僅是武德，也是修練的一部分。下面我們就來看一個外國武術家的例子：

奧瑪爾是英國歷史上最著名的劍手。早年，他曾經與一個水準相當的

劍手比劍，二人前後鬥了二十多年，一直沒有分出勝負。這天，二人再次對決，眼看奧瑪爾就要戰勝對手，對手情急之下居然向他吐了一口唾沫。奧瑪爾立刻收回就要刺中對手的劍，說：「你起來吧，我們明天再打。」對手一愣，不知他為什麼要這樣做。

奧瑪爾對他說：「二十多年來，我一直在修練自己，要求自己不帶一絲怒氣比劍，無論是誰，無論什麼情況。靠著這種修練，我擊敗了除你之外的所有人。剛剛，我本來也可以擊敗你。但是在你向我吐口水的瞬間，我的心中浮起了一絲怒氣。所以，我並沒有勝利。我希望你調整心態後，明天重新再戰。」

比劍如此，做人又何嘗不是如此呢？當一個人怒髮衝冠的時候，他與一頭野獸並無本質上的區別，他所有的理智都已經被憤怒所代替，隨怒氣而走，他只能像雙刃劍一般，既傷害別人，又使事情的發展向不利於自己的方向發展。

何謂智慧？我們可能無法給出一個令所有人信服的智慧。但沒有冷靜，再多的智慧也沒有用武之地。所以，處理問題時，首先要學會讓自己冷靜下來。這樣，才能始終掌握戰場的主動權，而不是被對方撩撥得像一頭瘋獸。

美國石油大王洛克斐勒曾經在法庭上擊敗一位著名律師，情形是這樣的：

當時，那位律師拿出一封信，以極其嚴肅的口吻問他：「洛克斐勒先生，你收到我給你的信了嗎？」

「收到了。」

「那你回信了嗎？」

「沒有。」洛克斐勒面帶微笑，慢條斯理地回答。

接著，那位律師又接連拿出了十幾封信，一一詢問洛克斐勒，洛克斐勒也以同樣的口吻和表情，一一給予同樣的回答。

法官聽到這裡，問洛克斐勒：「你確定收到了嗎？」

「是的，先生。我十分的確定。」洛克斐勒鎮定地回答。

這時律師忍不住面紅耳赤地對洛克斐勒吼道：「既然你收到了，你為什麼不回信？難道你不認識我嗎？」

「我當然認識你呀！」洛克斐勒仍然面帶微笑地回答。

律師看他還跟沒事似的，更忍不住了，他暴跳如雷地吼叫著、咒罵著，而洛克斐勒面不改色，一副對方所講的事跟自己絲毫無關的樣子。結果，法官判定洛克斐勒勝訴，而且宣布，律師不顧法庭紀律，因此剝奪他繼續為自己辯論和上訴的資格……

當然，我們不能總是「言戰」，商場如戰場，但商場畢竟不是真的戰場。很多分歧絕非一定要分個高下才能解決，做商人，首先要學會與人化解分歧。曾經的亞洲首富、印度米塔爾鋼鐵公司主席拉克希米‧米塔爾（Lakshmi Mittal）2004 年嫁女時，手筆曾經大到一擲 6,000 萬美金！當然，這些事說說也就罷了，我們需要關心的重點永遠都是：他們是怎麼賺到這麼多錢的？對此，米塔爾給出的解釋是：「做一個印度人是一個真正的優勢……如果你從小在一個有三百多種語言和少數民族的國家長大，你將學會如何消除分歧，達成妥協。」

第 10 堂課　脾氣─脾氣不改，事業封頂

第 11 堂課

踏實 —— 積跬步，致千里

‖ 放下幻想，面對現實 ‖

網路上有這樣一個寓言：

每一條鯉魚都想躍過高高的龍門，因為只要躍過龍門，牠們立即就會搖身一變成為超凡入聖、騰雲駕霧的巨龍。

但龍門實在太高，數萬年來，也只有那麼幾條鯉魚躍了過去。其餘的鯉魚累得筋疲力盡，碰得頭破血流，也只能望龍門而興嘆。這天，牠們集合起來，一起向龍王請求，讓龍王把龍門降低一些。龍王不答應，牠們就跪在地上不起來。一連跪了九九八十一天，龍王終於被感動了，答應了牠們的請求。為了照顧大多數鯉魚，慈悲的龍王還把龍門的高度一降再降，保證絕大多數鯉魚都能躍過去。

鯉魚們高呼著「龍王萬歲」，輕輕鬆鬆地就躍過了龍門，擁有了夢寐以求的龍身。可過了不久，牠們發現，大家都變成了龍，跟以前做鯉魚的時候也沒什麼區別。於是，牠們再次找到龍王，說出了自己心中的疑惑。

龍王哈哈一笑，說：「真正的龍門怎麼會降低呢？你們要想體會真正做龍的感覺，還是回去重新跳那個沒有降低高度的龍門吧！」

龍門不會降低，一如成功的門檻不會降低。世上的成功者，就像躍過龍門的鯉魚，必須經過千辛萬苦，不斷磨練。如果猴子穿上衣服就能變成人，這個世界豈不大亂了？面對現實吧！大家都成了龍，反倒沒什麼稀罕的。最主要的，還是不斷修練你自己。

很多人不認可這一點。他們更願意把自己的失敗歸結為沒有伯樂、沒有平臺、沒有機遇。平心而論，伯樂、平臺、機遇很重要，但它們不是關鍵。何為關鍵？實力。沒有實力保證，即便機緣巧合，老天真的掉餡餅，並且準確地砸在你頭上，你也保不住它。

有一則非常經典的廣告：「心有多大，舞臺就有多大」。但光有「心」就可以了嗎？「心」只是一個前提，它必須用努力去保證，去支持。生活中有「心」無力的人我們見得太多了。實力才是王道。沒有實力，你的心始終都是虛的。而實力，自然離不開腳踏實地的努力。

不妨這麼說，追求財富就好比練武功，看過武俠小說的朋友都知道，但凡邪派武功，修練起來都很快，但邪派武功卻極易走火入魔；而正派武功，雖說修練過程較長，但卻比較保險，練成之後也更經得起實戰檢驗。

香港著名作家、詞人林夕寫過一個故事：

他是我老師的好友，早年在部隊工作，後來躋身商界，他主持運作的幾個專案非常成功，一度傳為商界佳話。也因為這樣非凡的經歷，經常有一些胸懷志向的年輕人，慕名前來向他求教，問一些如何經商賺錢之類的問題。那年，我大學畢業即將踏入社會，在老師的引薦下，去他家拜訪。

見面寒暄過後，我便迫不及待地提出我的問題：「如何才能賺錢？用最快的速度？」

他聽了，微微皺了一下眉，說：「如何賺錢而且要最快，告訴你，年輕人！最快的賺錢速度就是：你現在拿兩個手榴彈或炸藥出去，我保證你兩個小時內就能拿到錢。但是後兩個小時你在哪，我可不能保證。」

我忍不住大笑。他也笑了，聳聳肩，說：「和你開玩笑。很多人都問過我這個問題，開始我感到很奇怪，你們怎麼會有這樣的想法？後來問的多了，也就不見怪了。」

也許是為了更好地回答我提出的這個問題，他給我講了他經商的一個故事。

「你們都聽說過我賣鋼琴的故事，我在兩年之內賣掉 12 萬臺鋼琴，在興起狂熱的的鋼琴購買浪潮，創造了一個廣為大家傳送的鋼琴神話。可是

你知道，我是怎麼做的嗎？」

「如果把我做的所有工作細節都說出來，三天三夜也說不完。我只能概括地講：我走訪了當時所有的鋼琴廠商，以及供應生產鋼琴的原材料廠商，在 15 個城市做了上百萬份的市場調查，光是收集的材料疊起來就有三米高。這個過程用了 5 個月，然後開始做行銷方案，整個方案分為三大部分，每一部分又有十幾個方案組成。就這樣，前期市場調查、案頭工作用了將近一年。整個銷售過程用了三年。三年中我每天只睡 4 個小時。別人只看到我成功的一面，可是其中經歷的過程卻沒有人看到。」

「年輕人，我和你講這些，只是想告訴你：世界上一定有最快的賺錢速度，但是，賺錢的速度和滅亡的速度是一樣的。我從 25 歲踏入社會到現在，整整走過 30 多年的人生歷程，我唯一能夠給你的人生經驗就是：人生如同登山，你一生的有效時間按 30 年計算，在第一個 10 年，你要學會攀登的技能，為登山做準備；第二個 10 年，你要在登山的實踐過程中邊體驗、邊修正、邊完善自己的攀登技能；第三個 10 年，你要一鼓作氣，攀登上人生之山的最頂峰！」

張愛玲說過，「出名要趁早」，這話同樣適用於致富。但不積跬步，何以致千里？缺乏腳踏實地的精神的人，注定在財富路上走不了多遠。人一定要有理想，但千萬不要把理想等同於好高騖遠，理想會使人奮進，而好高騖遠只能使人眼光空茫、不切實際、不從小處著手、小錢賺起，從而大起大落，功敗垂成；好高騖遠只能使人放棄許多現有的成功機會，不願也不屑做艱難而漫長的原始累積，然而，沒有量的累積，怎麼可能有質的飛躍？誰不想「乘長風破萬里浪」？但缺乏必要的航海知識，遠大的理想往往會讓人葬身海底。

先做小事，先賺小錢

很多人，尤其是那些暫時還沒富有起來的人，做夢都想有朝一日財源滾滾來，瀟瀟灑灑地做個超級大老闆，痛痛快快地、毫無顧忌地消費一把。但大多數人終其一生，都難以夢想成真。是他們努力不夠嗎？其實不盡然。真正讓他們與財富無緣的，其實是他們的賺錢心太急切了。他們忘記了積少成多、聚沙成塔的古訓。一心想發大財、賺大錢，使得他們無視甚至不屑於身邊的小事、小錢，到最後大錢小錢都沒賺到，還不如那些腳踏實地、一步一個腳印的人。

事實上，很多成大事、賺大錢者並不是一走上社會就取得令人矚目的成績的，很多大企業家都是從小夥計做起，很多政治家都是從小職員做起，很多大將軍都是從新兵做起。誰不想「乘長風破萬里浪」？但是古往今來，你見過幾個剛一走上社會就真正「做大事，賺大錢」的？尤其是當我們的條件只是「普通」時，那麼「先做小事，先賺小錢」絕對沒錯。必須記住：絕對不能賭「機遇」，因為「機遇」是看不到摸不著，難以預測的。任何機遇都與巨大的風險並存。任何機遇，都意味著無盡的變數。

那麼「先做小事，先賺小錢」有哪些好處呢？

「先做小事，先賺小錢」最大的好處是可以在低風險的情況下累積工作經驗，同時也可以藉此了解自己的能力。當你做小事得心應手時，就可以做相對較大的事情。賺小錢既然沒問題，那麼賺大錢也不會太難。何況小錢賺久了，自然而然就成了大錢。

此外，「先做小事，先賺小錢」還可培養自己踏實的做事態度和金錢觀念，這對日後「做大事，賺大錢」以及一生的幸福快樂都有莫大的裨益。

西方有一位富翁說過一句很俗的大實話 ——　小錢是大錢的祖宗。相關調查則表明，世界上 90% 以上的富翁都是從小商小販做起的，都是透過賺不起眼的小錢、做普通人都不願意做的小生意白手起家的，你我身邊可能就不乏其人。

許多人的成功軌跡，再次說明了「賺小錢、做小事是賺大錢、做大事的必要步驟」的道理。所以，你可以憧憬未來，向大錢努力，但是千萬別自大地認為自己就是個「做大事，賺大錢」的人，而對小事、小錢不屑一顧。試想，一個不願意做小事甚至連小事也做不好，一個連小錢也不願意賺或者根本就賺不來的人，即使真正碰上了發大財的機會，到時候會有足夠的能力、經驗和氣度去獲取財富嗎？更不要指望別人給你機會，要知道，一個連小事也做不好，連小錢也賺不來的人，別人是不會相信你能做大事、賺大錢的。

｜先掃身邊，再掃天下｜

歷史上有一個著名的典故：

東漢的陳蕃出身世家，自幼喜好讀書，志向高遠。陳蕃十幾歲時，陳家逐漸衰落，不再顯赫鄉里，但陳蕃仍然躊躇滿志，日夜苦讀。後來為排除干擾，他乾脆獨自搬進一處僻靜的庭院，潛心詩書。

正所謂「人無完人」，陳蕃的缺點就是生活上比較懶散，連自己的書房他都懶得收拾打掃，更別提庭院了。時間一長，院子裡雜草叢生，穢物滿地。有一天，陳蕃正在讀書，他的父親帶朋友薛勤前來看他。看到屋裡屋外狼藉不堪，薛勤皺著眉頭問陳蕃：「你怎麼不打掃打掃呢？」陳蕃回答得擲地有聲：「大丈夫處世，應該掃除天下，豈能只掃一室？」薛勤聽

了不禁一愣，暗嘆陳蕃年小志大，於是勸導他說：「你連一室都不肯掃，又怎麼能掃天下？」陳蕃張口結舌，大受啟發，此後處處嚴格要求自己，最終成為國家棟梁，以忠孝剛勇、不畏權貴留名青史。

與故事中的陳蕃一樣，生活中很多人都是從很小就頗有一番雄心壯志的。幾乎所有的小朋友都有一個「掃除天下」的志向：我長大要做企業家、做大官、做科學家……誰要是像《長江七號》中的小主人公那樣，長大想做個無名小卒，肯定會被人笑掉大牙。然而事實卻是，無論志向高低，大多數人最終都將流於平庸。

那麼問題出在哪裡？答案就是：大多數人缺乏腳踏實地的精神。

生活中，往往越是窮得一塌糊塗的人，越是看不起小錢，不屑做小事，他們做夢都在想著怎麼賺大錢、做大事、成大器。勉強去做也是迫於無奈，一邊做，還要一邊滿腹牢騷，詛咒社會。殊不知萬丈高樓平地起，大事需要一步一步地去做，大錢也都是由小錢構成的。沒有無數個小錢的積少成多，就算機會出現在你面前，你這個沒有絲毫準備的人又能如何？沒有做小事的鍛鍊和累積，就算有人出錢要你去做大事，你也未必做得來，更不要說做得好。

1970 年代初，美國麥當勞公司打算開拓臺灣市場，他們需要在當地培訓一批高級幹部，於是進行了公開的招考甄選。由於標準頗高，很多人都未能通過。

經過一再篩選，一位名叫韓定國的年輕人脫穎而出。最後一輪面試前，麥當勞的招聘負責人和韓定國夫婦談了三次，並且問了他一個讓人意想不到的問題：「假如我們要你先去洗廁所，你願意嗎？」還沒等韓定國開口，一旁的韓太太便答道：「我們家的廁所一直都是他洗的。」

負責人十分高興，當即免去了最後的面試，直接錄用了韓定國。

汽車大王福特的求職經歷幾乎與上面的故事如出一轍：

福特剛剛大學畢業時，去一家汽車公司應聘。和他同時應聘的三四個人都比他學歷高，當前面幾個人面試之後，他幾乎覺得自己沒有什麼希望了。但「既來之，則安之」，他敲門走進了董事長辦公室。

一進辦公室，他發現門口地上有一張紙，立即彎腰撿了起來。那是一張廢紙，福特順手把它扔進了廢紙簍裡，然後走到董事長的辦公桌前，說：「我是來應聘的福特。」董事長說：「很好，很好！福特先生，你已被我們錄用了。」福特驚訝地說：「董事長，我覺得前幾位都比我好，你怎麼把我錄用了？」

董事長說：「福特先生，前面三位的確學歷比你高，且儀表堂堂，但是他們眼睛只能看見『大事』，而看不見『小事』。你的眼睛能看見小事，我認為能看見小事的人，將來自然能看到『大事』；但一個只能看見『大事』的人，卻會忽略很多『小事』。我們這裡幾乎沒什麼『大事』，就算有，那也是我說了算。所以，我才錄用你。」

韓定國和福特的成功說明了這樣一個道理：立大志與做大事完全是兩碼事，大事與小事也不是截然分開的。許多大事成功的契機，都在看似不起眼的小事裡。只有把小事做好的人，才有可能成就大事。當我們以嚴肅認真的態度，把一件件小事做好了，大事也就順理成章地成功了。反之，就會如耶穌（Jesus）在《聖經》（Bible）中所說：「如果你不肯為小事付出，那麼你將會為更小的事而付出更多。」

《聖經》中記載，有一次，耶穌帶著門徒彼得遠行，途中耶穌看到地上有一塊破舊的馬蹄鐵，便讓彼得把它拾起來。但彼得一來旅途勞累，二來不願為一塊馬蹄鐵「折腰」，因此充耳不聞，假裝沒聽到。耶穌也沒有多說什麼，自己彎腰撿起馬蹄鐵。

不一會兒，二人進入城裡，耶穌用馬蹄鐵向鐵匠交換了些許金錢，然後用這些錢買了幾十顆櫻桃。接著，二人繼續趕路。正午時分，二人走至一片荒野，彼得又累又渴，但是身上的水早已喝光了。這時，耶穌悄悄從衣袋中丟出一顆櫻桃，彼得像發現什麼大寶藏似的，連忙撿起來吃掉了。就這樣，耶穌每走一段路就丟下一顆櫻桃，彼得則每走一段路便彎一次腰，撿一顆櫻桃……最後，耶穌見彼得受夠了教訓，笑著說：「如果你不肯為小事付出，那麼你將會為更小的事而付出更多。」

何謂小事？何謂大事？我的一位老闆曾經說過：「客戶的事，再小也是大事；自己的事，再大也是小事。」事情本無大小之分，事情需要辯證地去看待，但很多人總是認為自己生來就是做「大事」的，因此對身邊的「小事」不屑一顧。但實際上，這些人往往連「小事」都未必做得做得好。有人說過，「能夠把簡單的事情天天做好，就是不簡單」，事業要的是一天一天的務實，半點粗心不得。沉下心來，堅持把身邊的每一件「小事」都掃乾淨，你終有掃除天下的那一天。

第 12 堂課
專注 —— 一生只做一件事

‖盯緊你的「土撥鼠」‖

清朝有個秀才為自己的表兄寫過這樣一篇墓誌銘：

吾表兄，年四十餘。始從文，連考三年而不中。遂習武，練武場上發一矢，中鼓吏，逐之出。改學醫，自撰一良方，服之，卒。

翻譯白話文意思是說：我的表哥，活了四十多歲。一開始是從文的，連續考了三年都不中。於是就改行習武，考試那天在練武場上射了一箭，射中了敲鼓的人，被趕了出來。表哥又改行學醫，還未學成，自己寫了一個藥方子，吃過以後，便死了。

常言道，「人挪活，樹挪死」，我們並不推崇不動搖的人生，但是像上述故事中的老兄那樣，即使他沒有「吃錯藥」，他又能做成什麼事呢？所謂「無雄心者常立志」，很多人之所以不能在某一領域取得成就，就在於他們靜不下心，耐不住寂寞，經常改變自己的志向，到頭來一事無成。

有些人的失敗源於內心的軟弱，有些人的失敗則源於內心的貪婪。很多人都感慨，機會難得啊！其實當今社會，機會並不是什麼稀缺資源。對很多人來說，機會其實很多，只是機會一多，人們要麼無從選擇，要麼是這個也想做，那個也想做，一輩子都在追尋，一輩子都在選擇，總是覺得已經到手的不是最好的，結果到最後往往連最不好的也掌握不住。機會，對於一個是機會都想抓住的人來說，反而是一種禍害。

《哈佛家訓》（*Harvard Family Instructions*）中有這樣一個故事：

一位老師為學生們講了一個故事：三隻獵犬共同追趕一隻土撥鼠，土撥鼠鑽進了一個樹洞。這個樹洞只有一個出口，不一會，居然從樹洞裡鑽出一隻小豬。小豬飛快地向前奔跑，並爬上一棵大樹。小豬躲在樹上，倉皇中沒站穩，掉了下來，砸暈了正仰頭觀望的三隻獵犬。終於，小豬逃脫了。

講完後，老師問：「這個故事有什麼問題嗎？」學生說：「小豬不會爬樹；還有，一隻小豬不可能同時砸暈三隻獵犬。況且，小豬怎麼能跑得過獵犬？」

「還有呢？」老師繼續問。

直到學生再也找不出問題了，老師才說：「還有一個問題，你們都沒有提到 —— 土撥鼠哪裡去了？」

是啊！土撥鼠哪裡去了？老師的話一下子將學生的思路拉回到獵犬追逐的目標上 —— 土撥鼠。是小豬的突然出現，讓大家的注意力不知不覺中打了岔，土撥鼠竟然在頭腦中消失了。

這個故事的寓意在於：一個人不僅要有目標，還要專注於自己的目標。因為人的精力有限，試圖魚與熊掌兼得，到最後往往是魚與熊掌皆不可得。所以每個人不僅應該知道自己應該做什麼，也必須明白自己不應該做什麼。

葉慶鵬是個有理想、有抱負的年輕人。大學畢業以後，他先後在許多等大城市打天下，尋找自己的創業途徑。然而，十年時光一晃而過，除了幾次失敗的經歷外，他一文不名，找不到一點值得稱道的東西。

十年來，他先後做過國有大型企業的員工，做過記者，做過銷售，開過小超市，經營過文創公司，甚至還做過傳銷。但他總是這山望著那山高，不停地跳槽轉行，很多原本很有希望的事業都在他手裡一一斷送。

三年前，葉慶鵬看準了一塊「好地」，開了一家小超市。按他的估計，此處人流穿梭，每天的售貨量肯定少不了，好好做幾年，必定是財源滾滾。但事情並非他想像的那樣，由於超市規模小，又沒有什麼名氣，人們一時之間並不買帳。因此他每天的營業額並不多，扣除成本後，他一個月的收入連基本薪資沒有。很快，他便開始後悔自己盲目地選擇了經營超市，為了更好

地尋求賺大錢的機會，他很快便以低價將超市頂讓給自己的朋友。

不久，一位做設計的朋友告訴他，文創市場不錯，一本暢銷書動輒幾萬的銷量，書商們都是成百萬的賺！葉慶鵬想，我可是大學的才子啊，文筆和眼光絕對不比別人差，為什麼不做這一行呢？弄不好還能名利雙收！於是，他又投資文創產業，組建了一家小型文創公司。誰知他剛剛進入，文創行業就迎來了前所未有的寒冬。苦心經營半年後，他的文創夢再次以草草收場而告終。而此時，他轉讓出去的超市卻開始逐漸興隆，每天的營業額都超出原先的 10 倍！看到這些，葉慶鵬只得再一次感嘆自己時運不濟……

很多人都犯過類似的低級錯誤 —— 這山看著那山高，到了那山沒柴燒，致富美夢打水漂。其實，三百六十行，行行出狀元，任何行業只要堅持做好，努力做好，都能夠成就一番事業。李白一生只寫詩，徐霞客一生只行路，比爾蓋茲只做軟體，但他們的成就有目共睹，無可置疑。只不過進入任何一個行業都有適應期，任何成功都需要一個過程。一個人真正遭遇「此路不通」的情況並不多見，「愛拚才會贏」，只有盯緊你的「土撥鼠」，遠離誘惑，修練恆心，這樣我們前進的步伐才能更堅定，才能避免遍地開花無處結果的悲哀。

｜修練自己的「一技之長」｜

李老師是培訓領域大名鼎鼎的人物，人稱「啟發教育第一人」，他講課幽默風趣且不失哲理，引人深思。記得有一次，李老師在講課時與同學們互動說：「請認為自己有一技之長的同學舉起手來」，不少同學紛紛舉起手。李老師走到一位女同學面前問她：「你認為自己在哪方面有一技之長？」那位女同學說：「我做了十多年美容事業，也算有所建樹。」李老

師問：「你認為全國美容業你的業績最突出嗎？」女同學答：「不是」。李老師又問：「你認為全國美容師都需要向你學習嗎？」女同學答：「也不是」。李老師隨即說：「那你充其量有一技，而算不得一技之長。一個理髮師理一個頭收 100 元的叫『一技』，收 5,000 元的叫『一技之長』，一個畫家的作品賣 2,000 元的叫『一技』，賣 200 萬元的叫『一技之長』。」

　　仔細想來，此言極是。在過去，只要有一門手藝，一門技能，哪怕是修盆箍碗、刮臉修腳等等，都可以稱得上一技之長，所謂「荒年餓不死手藝人」，那些握有一技之長的人，往往比普通百姓過得優渥一些。但如今，掌握「一技」的比比皆是，擁有「一技之長」的卻鳳毛麟角。用李老師的話說，「一技」只能讓你養家，「一技之長」方可讓你致富。我們需要擁有「一技」，更要努力追求「一技之長」。

　　有一次，美國福特公司的一臺工業電機發生故障，各方人士檢查了三個月，竟然束手無策，於是請來了德國專家查爾斯‧普羅透斯‧斯泰因梅茨（Charles Proteus Steinmetz）。斯泰因梅茨圍著電機轉了幾圈，聽了聽聲音，最後用粉筆在電機上劃了一條線，說：「打開電機，把劃線處的線圈減去 16 圈」，技術工人立即照做，電機馬上恢復正常，福特公司的負責人問斯泰因梅茨要多少酬金，斯泰因梅茨張嘴便要一萬美元。福特公司的負責人嘟囔著說：「畫一條線，竟要這麼高的價錢！」斯泰因梅茨聽了微微一笑，解釋說：「畫一條線當然不值一萬美元。畫一條線只值一美元，知道在什麼地方畫卻值九千九百九十九美元。」

　　客觀地說，由於各方面的原因，並非每個人都能把「一技」做到「一技之長」，成為斯泰因梅茨那樣的專家，而且對於致富來說，也不一定都需要「一技之長」，我們強調的只是這種把「一技」修練成「一技之長」的精神，即專注。

有這樣一個小故事：一位落魄的青年，滿懷憂鬱地找到一位隱居的智者，訴說自己畢業多年，做過很多事情，但幾年下來，依然一事無成。智者微笑著聽他說完，然後指著牆角一把特大號的水壺對他說：「你能不能先幫我燒壺開水？」

「沒問題。」青年略一打量，見水壺旁邊有一個小火灶，唯獨沒有柴，便出門去找。

不一會兒，青年拾了一些枯枝回來，他裝滿一壺水，放在灶臺上，在灶內放了一些柴便點火燒了起來，可是由於壺很大，水太多，那些柴燒盡了，水也沒開。於是他再次跑出去繼續找柴，回來的時候那壺水已經涼得差不多了。這回他學聰明了，沒有急於點火，而是再次出去找了些柴，由於柴準備得充足，水不一會就燒開了。

「如果沒有足夠的柴，你該怎樣把水燒開？」智者忽然問他。

青年想了一會，搖了搖頭。

智者說：「如果那樣，就把水壺裡的水倒掉一些！」

青年若有所思地點了點頭。

智者接著說：「你一開始躊躇滿志，樹立了太多的目標，就像這個大水壺裝了太多水一樣，而你又沒有足夠的柴，所以不能把水燒開。要想把水燒開，你要倒出一些水，或者多準備柴！」

青年恍然大悟。回去後，他把自己的人生目標去掉了許多，同時利用業餘時間學習各種專業知識。幾年後，他的目標基本上都實現了。

有句俗話：三百六十行，行行出狀元。所謂狀元，無非就是燒開了的水。經常聽一些學歷堪比古代狀元的高材生說：「你這人怎麼哪壺不開提哪壺？」其實他們應該反過來想想：你有哪壺水是開的？你哪一壺都不開，讓人怎麼提？

對於口渴的人來說，燒水的過程漫長且痛苦。當今社會，沒有人不「渴」望財富，但由於這個繁華世界為人們提供著越來越多的投機機會，所以真正能夠靜下心來，肯把一壺水燒開、肯把冷板凳坐熱的人，越來越少。很多人都是一邊燒著水，一邊「見異思遷」，也不免懷疑乃至動搖，「這水是不是可以燒開」？「也許這壺水根本就不值得燒」⋯⋯結果很多隻差一把火就能燒開的水壺，往往在關鍵時刻被人放棄，殊為可惜。

┃專注成就專業，專業成就專家┃

有一次，一位年輕學者找到法國大雕塑家奧古斯特・羅丹（Auguste Rodin），向他請教如何獲得成功。當他隨羅丹走進工作室時，羅丹隨手掀開一塊紅布，一座將近完美的雕塑已具雛形。但羅丹凝視著自己的作品仍不滿意，於是他便拿起工具刀，不停地思索並修改著，全然忘記了還有客人在場。這位學者在旁邊等了一個小時、兩個小時、三個小時⋯⋯一個下午過去後，羅丹終於放下了手中的工具，看著自己的作品露出了會心的笑容。當他轉身準備離開工作室時，才想起自己把客人忘到了九霄雲外，趕緊致歉。但學者卻高興地說：「我應該謝謝你，因為我已經找到了成功的法寶，那就是 —— 專注。」

無獨有偶，與羅丹同時代的法國昆蟲學家尚 - 亨利・法布爾（Jean-Henri Fabre）也曾遇到過類似的問題。

有一次，一個青年對法布爾說：「我很困惑，我不知疲倦地把全部精力都用在了我愛好的事業上，結果卻收效甚微，您能告訴我這是怎麼回事嗎？」

法布爾讚許地說：「看得出來，你是個獻身科學的有志青年。」

青年回答道：「是的，我喜歡科學！不過我也愛文學，音樂和美術我也很感興趣……」

法布爾隨手從口袋裡掏出一個放大鏡說：「把你的精力集中到一個焦點上試試，就像這塊凸透鏡一樣！」

青年聽了恍然大悟。

專注是成功的境界。愛默生曾經說過：「讓我步入失敗深淵的人不是別人，是我自己。我一生中最大的敵人不是別人，是我自己。我是給自己製造不幸的建築師，我一生希望自己成就的事業太多了，以至於一無所成。」毫無疑問，這是謙虛。但是，我們可以從中得出這樣的啟示，無論做任何事情，都必須專心致志，始終如一。

《荀子‧勸學》中說：「蚓無爪牙之利，筋骨之強，上食埃土，下飲黃泉，用心一也。蟹六跪而二螯，非蛇鱔之穴無可寄託者，用心躁也。」意思是說，蚯蚓既沒有銳利的爪牙，也沒有強壯的筋骨，但牠上可以吃到塵土，下可以喝到泉水，原因就在於用心專一。螃蟹雖有八隻腳，兩隻大爪子，但如果沒有蛇、蟮的洞穴，牠就無處容身，這是因為牠用心浮躁。民間有很多類似的俗語，比如：「十個指頭按九個跳蚤，結果一個也按不住」、「天下的麻雀捉不盡，一手捉不了兩隻鱉」等等。無論是哲言警句，還是俗話俚語，都是在告誡世人，做事不專的人，永遠都不可能有什麼大作為。反之，如果一個人能夠把畢生的精力集中於一件事情上，並堅持下去，即便資質平平，也能做出一番大的成就來。

多年以前，荷蘭有一個青年農夫，由於學歷太低，他好不容易找到了一份替鎮政府看門的差事。在這個職位上，他一直做了六十多年，從沒換過其他工作。

他並不聰明，當然也並非白痴。由於生性木訥、不善言辭，他的朋友

很少。也許是日子太清閒了，抑或是他不甘自己的平庸，總之，他喜歡上了打磨鏡片。他一有時間就捏著那些既費時又費力的鏡片，磨啊磨啊，一磨就是六十多年。他磨得是那樣的專注和執著，經他磨出的複合鏡片的放大倍數，比專業技師的水準還要高。

終於有一天，他用自己精心磨出的鏡片，發現了當時科學界尚不知曉的另一個廣闊的領域 —— 微生物世界。這令他名震全球，只有國中學歷的他，竟史無前例地榮獲了巴黎科學院院士的頭銜，連當時的英國女王都親自到小鎮去拜會他。

創造這個奇蹟的農夫，就是科學史上赫赫有名的荷蘭科學家安東尼·范·雷文霍克（Antoni van Leeuwenhoek）。他的成功告訴我們，只要你選準目標，找對方向，並始終如一地走下去，誰都可以創造奇蹟。

成功學中有個「10,000 個小時定律」，大意是說，一個人想成為某一方面的人才或專家，至少要持續不斷地投入 10,000 個小時。按每天 8 小時計，至少需要不間斷的修練 5 ～ 10 年時間，絕無例外。想成為專家，先拿出 10,000 個小時來再說。

有人會有這樣的困惑，我練某些東西時間也不短了，別說 10,000 小時，20,000 也有了，怎麼還沒成就？這百分之百是你練的專案太多太雜了。一招鮮，吃遍天，在某一方面專業、精通，遠比什麼都會一點、卻什麼都拿不出手強得多。

明代陳繼儒在《小窗幽記》中說：「是技皆可成名天下，唯無技之人最苦；片技即是自立天下，唯多技之人最勞。」意思是說，人生活在世界上，就得有生活的技能。只要會上一點技能，就不至於餓死。那些沒有技能又老實本分的人，是最最痛苦的人。但是技藝太多也不好，首先，「能者多勞」；其次，人「能」是非多；最後，也是最重要的一點，這些人雖

然技藝不少，但能拿得出手的一樣沒有。他們的技藝，別說算不上「一技之長」，往往連普通水準都達不到。這樣的人，只能算「人力」，而不是「人才」，更不是「專家」，既然是人力，就只能做些力氣活，自然「最勞」。

第 13 堂課

整合 —— 人人都有第一桶金

‖沒有資源就整合資源‖

　　美國一個小鎮上住著一個老頭，老頭有三個兒子，大兒子和二兒子都搬到了城裡，只剩下小兒子和父親相依為命，照顧父親。

　　突然有一天，一個鄰居找上門來，對老頭說：「老人家，我在城裡為你的小兒子找了一份好工作，您讓他收拾收拾跟我走吧！」

　　老頭聽了勃然大怒：「不行，絕對不行！請你滾出去。」

　　「您老別生氣啊！」鄰居賠著笑說：「我幫他在城裡邊找個老婆，總可以了吧？」

　　老頭的臉色有點緩和，但是仍然很生氣，他指著門說：「不行，你趕緊走吧！」

　　鄰居又說：「如果我給您的小兒子找的對象是石油大王洛克斐勒的千金 —— 你看怎麼樣？」

　　老頭雖然捨不得小兒子，但是怎麼能為了自己耽誤孩子的「前程」呢，考慮了半天，最後還是被說動了。

　　幾天後，鄰居找到了洛克斐勒的府邸，費盡周折終於見到了洛克斐勒本人，他恭敬地說：「尊敬的洛克斐勒先生，我給您的小女兒找了一個丈夫，您看……」

　　「滾出去！」還沒等他說完，洛克斐勒吼道：「趕緊滾出去！要不我立即報警！」

　　「您先聽我把話說完，再報警不遲。」鄰居不慌不忙地說：「如果您的未來女婿是世界銀行的副總裁，您是否應該立即收回剛才那些不禮貌的話？」

　　「哎呀！真是對不起！您請坐，我們慢慢談。」洛克斐勒當即表示同

意，因為他正在為一個大專案的資金來源煩惱呢！

幾天後，這個鄰居又輾轉找到了世界銀行的總裁，他說：「尊敬的總裁先生，我認為您應該馬上任命一個副總裁！」

總裁先是一愣，隨即搖搖頭說：「這位先生，你真是幽默！我告訴你，完全沒有可能。因為我的副總裁實在是太多了，為何還要任命一個？而且必須馬上？」

鄰居說：「因為你將任命的這個副總裁是洛克斐勒的女婿。您看 —— 是不是完全沒有可能呢？」

總裁當即表示沒問題。

雖然這個故事純屬虛構，而且漏洞百出，但它卻充分說明了整合資源的重要性。就像故事中的鄰居只用了幾句話就讓看似絕不可能的事情變成了事實一樣，生活中很多時候也是如此。而一件事情之所以看起來不可行，也是因為促成這一事情的各種資源相對比較分散，或明或暗，沒有人把它們整合起來。資源不能整合，當然不能產生效益。既然沒有資源，那就整合資源。而一旦把這些相對分散的資源進行恰當整合，立即就可以獲得難以想像的效益。

如果覺得上面的例子不具說服力，我們再來看一下現實生活中的經典案例。

委內瑞拉有個自學成才的工程師，叫圖德拉（Tudela），他不滿足於受雇於人的生活，想做石油生意。可是在石油領域，他既沒關係又沒資金，所知的石油知識都非常有限。要是一般人，可能想想也就罷了，但圖德拉卻積極尋找機會，不久他便巧施連環計，單槍匹馬殺入了石油海運行列，從此生意興隆。

經過是這樣的：有一天，他從一個朋友處獲悉阿根廷需要購買 2,000

萬美元的丁烷（Butane），便立即飛往阿根廷。當時圖德拉本想做個牽線人，把這筆生意介紹給別的大公司，從中拿點報酬了事。但是一個意外的發現讓他改變了主意，因為他發現阿根廷正在鬧「牛肉災」，數以噸計的牛肉大量積壓，愁得牛肉商們頭疼不已。

圖德拉的大腦飛快地運轉起來：中東有石油，阿根廷有牛肉，如果能夠給他們搭上線，讓他們互取所需，自己的生意不就有希望了嗎？

經過周密籌畫，圖德拉展開了一連串的行動。首先，他找到阿根廷一家貿易公司，告訴他們希望透過貿易公司購買 2,000 萬美元的牛肉，但是對方必須從自己這裡購買 2,000 萬美元的丁烷。貿易公司的負責人一想，能賣出過剩的東西，又能買到急需的東西，無疑是好事一樁，何樂不為呢！很快，雙方就簽訂了意向書。

接著，圖德拉飛到西班牙，當時那裡的造船廠正在為沒有人訂貨而煩惱。圖德拉向造船廠提出，自己想訂購一艘價值 2,000 萬美元的超大型油輪，條件是他們要向自己購買 2,000 萬美元的阿根廷牛肉。西班牙人愉快地接受了。因為西班牙是牛肉消費大國，阿根廷則是世界重要牛肉產地，物美價廉。他們在本國要賣完這些牛肉相當容易，但是賣一艘 2,000 萬美元的油輪，則是千難萬難。因此西班牙人稍一盤算，立即簽訂了意向書。

最後一站，圖德拉飛到了中東，他找到一家大型石油公司，以購買對方 2,000 萬美元的丁烷為交換條件，讓石油公司租用他在西班牙建造的超級油輪。誰都知道，中東是世界上最大的石油產地，石油價格自然相對便宜，難就難在了運輸上。石油公司一想，租用誰的船都要給錢啊，更何況這是一筆大生意！當即滿口答應，這樣圖德拉又拿到了第三份合約書。

由於交易的幾方都是各取所求，因此圖德拉就把三份合約書變成了事實，阿根廷賣了牛肉買了丁烷，西班牙賣了油輪買了牛肉，中東的產油國

賣了丁烷，而圖德拉則在輾轉之間，以石油的運輸費抵了大半個油輪的造價。三筆交易完成後，他又把自己的油輪抵押給銀行，貸款到了大筆資金，輕輕鬆鬆地實現了他做石油生意的美夢。

圖德拉的成功，再次驗證了整合的神奇和重要，也從側面告訴我們：第一桶金不光是錢的問題，它還包括一個人的社會地位、社會名望、人際關係等等。圖德拉如果沒有那個提供消息的朋友，他又從何整合呢？

｜整合一切資源，挖掘所有可能｜

有一年，松下公司要招聘一名會計。面試那一天，公司裡人山人海，經過嚴格的筆試又經過細心的篩選，最後只剩下了 A、B、C 三位非常優秀的女大學生，經理發給她們每人一件衣服和一個黑皮包，告訴她們：「現在進入口試環節 —— 你們必須在 8 點半之前穿著我給你們的衣服去總經理室口試 —— 勝出者將獲得這個職位。但我提醒你們一句，每一件衣服上都有一塊汙跡，而總經理卻喜歡乾淨整潔、落落大方的人，你們身上的汙跡最好不要被總經理發現，否則就會被淘汰。」

此時已經是 8 點 15 分了。A 趕緊拿出手帕擦拭衣服上的汙跡，誰知汙跡越擦越髒，越擦越大，A 非常著急，苦苦央求經理，想讓他再換一件，可是經理卻帶著遺憾的口氣說：「不好意思，你已經被淘汰了。」A 哭著離開了。

B 吸取了 A 的教訓，她飛奔著跑到洗手間，想把汙跡洗乾淨。她以飛快的速度洗了一遍又一遍，果然洗掉了汙跡，但衣服的胸前部位卻溼了一大片。看看錶，已經快到 8 點 25 分了，她稍微整理了一下，便奔向總經理室，到那一看 C 居然還在那裡站著，胸前還有那塊汙跡，B 這才放了

心，於是她胸有成竹的走了進去，但總經理卻說：「不好意思，你被淘汰了，勝出者是 C 女大學生。」B 非常驚奇，很不服氣，總經理看出了她的心思，微笑著說：「假如我沒猜錯的話，你的黑皮包大概遺落在了洗手間裡。你回頭看看 C 的黑皮包——」B 回頭一看，只見 C 把她的黑皮包掛在胸前，恰好擋住了那塊汙跡！B 心服口服的離開了總經理室。

21 世紀什麼最寶貴？資源最寶貴。資源比資金更重要！但很多資源卻像 B 女大學生的黑皮包一樣，被閒置在了「洗手間」裡！被低估的關係、被忽略的人才、被閒置的資金、被隱匿的專案、被浪費的管道……雖不能說遍地都是，但在任何地區任何組織都普遍存在著。就說企業界吧，需要老闆們整合的地方就不可勝數。比如：一家公司應該大量運用人力，還是用先進的機器設備替代大部分人工呢？應該向別人採購零件，還是自給自足呢？應該自己組裝產品，還是外包呢？應該透過自己的銷售管道，打自己的品牌，還是把產品賣給獨立經營的批發商，用他們的牌子銷售出去？

當然，最需要關心的還是我們的白手起家者。大部分資源掌握在少數人手中，這是不爭的事實。他們是不會整合，而我們卻是沒得整合，或者說不知道從何整起。我們曾經不止一次的說過：大家好才是真的好，如果你不能給別人創造效益，大多數人寧願資源閒置也不會讓你整合。作為一個白手起家者，我們又能給別人帶來什麼呢？或許你會說我的專案非常好，但別人憑什麼相信你呢？單憑一份薄薄的計畫書？

不過也不用太悲觀。大部分資源被少部分人占據著不假，但對於一個有智慧、有眼光的人來說，遍地都是資源。新加坡當初準備發展旅遊業時，該國旅遊局長給總理李光耀呈交了一份負面報告，大意是說新加沒有旅遊資源，比如日本有富士山、埃及有金字塔，而新加坡只有一年四季垂

直照射的熱帶陽光……李光耀看後非常氣憤，提筆在報告上批示道：你想讓上天給我們多少東西？有陽光就足夠了！後來新加坡利用充足的陽光，大力種花植樹，幾年時間就發展成為了世界著名的花園城市，每年都能吸引數以百萬計的遊客，新加坡得以迅速步入了已開發國家的行列。

新加坡的發展，是從側面提醒大家：與其怨天尤人，或者抱著幻想去整合那些根本不可能讓你整合的資源，不如整合一些你能整合得了的資源，或者說像新加坡發展旅遊業一樣，學會挖掘自身的資源。

同流才能交流，融合才能整合

很多年前，一個傳教士來到一處煤礦區傳教。他每天都把自己收拾得非常整潔，待人無比和善，但好長一段時間，附近的居民也沒幾個人買帳。要不是看在每次禮拜時都能得到些小禮物的面子上，人們根本不會去空曠、冰冷的教堂祈禱。

傳教士焦慮不已。

冬天來了，傳教士想把教堂弄暖和些，他一個人跑到礦區，辛辛苦苦地背了幾袋煤回來。然後顧不上清洗，便向以往一樣，挨家挨戶的勸人們當天晚上去教堂祈禱。

出乎意料的是，當天晚上，所有他拜訪過的人都聚到了教堂，誠心聽他的布道，並且皈依了上帝。眾人散去後，傳教士百思不得其解。直到上床睡覺前，準備洗臉時，他才意外地發現：由於自己運完煤沒有洗臉，自己的膚色簡直就和那些黑乎乎的礦工們一樣！

這個故事告訴我們：想影響別人也好，想整合別人的資源也罷，首要前提就是讓對方覺得你和他是同一路人。只有這樣，你才能走進對方心

裡，達成自己的目的。這一點正如某教授所說：「同流才能交流 ── 交流才能交心 ── 交心才能交易。」

從小家長和老師就告訴我們，要做一個好人，不能和「壞人」走的太近，要隨時與他們保持距離。但是實際上，大部分人並沒有什麼好人壞人之分，所謂的好人壞人，不過是一個人所站立的角度和看問題的觀點不同所造成的，好人與壞人也不是一成不變的。俗話說：見人說人話，見鬼說鬼話。表面上看來是明哲保身，實際上這只是其一，否則他只需躲開鬼，何必跟鬼說話呢？換句話說，他為的是整合「鬼」的資源。

有句古話叫「道不同，不相為謀」，還有一句成語叫「同流合汙」，其實，道不同也可為謀，同流也不一定就會被汙染，如果你是一枝荷花，淤泥非但不會影響你高潔的素養，反倒能為你提供生長的養分。關鍵還要看你能不能掌握其中的尺度，能不能把持得住自己。我曾經聽過很多老闆說：「這個人不行，他有業務給我做我也不做。」這是不對的。在商言商，只要對方能夠給我們帶來幫助，道不同亦相為謀，該整合的還是要整合。當然了，與那些口碑不太好的人合作時，我們必須多加小心，多長個心眼。

怎樣做到「同流」呢？對於企業主管或管理者而言，對內，我們要與大家融為一體，打成一片，這樣才能發現問題，接下來的交流才富有針對性和感染性，才能進入對方的心靈，達到交心的目的。這樣帶出來的團隊才能齊心合力，這樣大家才能死心塌地地跟著你的思想走，這樣的團隊會越建越好，越走越遠。即使你離開了這個團隊，他們的心也會永遠跟你在一起。

對外，我們不能太自視清高，不要覺得別人在你眼中都是那種不三不四的壞人。你必須能上得廳堂，當得流氓；見人說人話，見鬼說鬼話；人前當爺爺，人後當孫子；你既要與達官顯貴保持友好的交往，有時候又不

得不借助於三教九流，甚至是雞鳴狗盜之徒才能辦成自己的事情，達到自己的目的。

當然，「同流」只是整合的前提，能不能跟對方真正融合在一起，也就是「交心」，才是整合的關鍵。那麼怎麼才能「交心」呢？請看下面的小寓言：

一把扎實的大鎖掛在大門上，一根鐵杆費了九牛二虎之力，還是無法將它撬開。鑰匙來了，他瘦小的身子鑽進鎖孔，輕輕一轉，大鎖就「啪」地一聲打開了。

鐵杆奇怪地問：「為什麼我費了那麼大力氣也打不開，而你卻輕而易舉地就把它打開了呢？」

鑰匙說：「因為我最了解他的心。」

每個人的心，都像上了鎖的大門，任你再粗的鐵棒也撬不開。唯有體貼和關懷，才能打開別人的心門，進入別人的心中。在這方面，施振榮先生給我們作好了榜樣：

剛開始創業時，施正榮的公司需要大批原材料 —— 矽，但是當他找到一家德國公司提出訂貨意向後，對方卻以訂貨量太大為由拒絕了。當時德國老闆的兒子也在場，小朋友拿著一個舊打火機反覆請求爸爸為他修好，德國老闆顯得很不耐煩，施正榮趕緊走過去，非常和藹地對小朋友說，我可以幫你帶回去修理，達成「協定」後，他回國後第一時間就請人修好了打火機，並寄還給德國老闆。結果不久，德國老闆就主動打電話給他說：「訂貨量沒有問題。」

人就是這樣，不論什麼膚色、國籍、地位、層次，只要你對他好，他就會對你好。感情投資是人性社會最有效的投資策略，也是一切整合的最終境界。

第 13 堂課　整合—人人都有第一桶金

第 14 堂課
借力 —— 乘勢而起，借力而行

‖借勢是成功路上的唯一捷徑‖

　　成功路上無捷徑 —— 我們對此深信不疑，我們只是質疑：為什麼有些人整天悠哉悠哉、不學無術也能混得人模狗樣呢？答案是他們或有意或無意的借助了別人的勢。什麼叫「勢」？簡單說來就是外部的各種有利條件，或者說是某種強大的力量。而借勢，說白了也就是借用那些有勢力的人快速發展自己。

　　借勢不是什麼新鮮事，古今所有富有智慧的成功者都是善於借助他人力量的人。荀子在《勸學》中說：「登高而招，臂非加長也，而見者遠；順風而呼，聲非加疾也，而聞者彰；假輿馬者，非利足也，而致千里；假舟楫者，非能水也，而絕江河。君子生非異也，善假於物也。」意思是說，登上高處，揮動手臂，手臂並沒有加長，但在很遠的地方也能看到；順風而呼，聲音並非宏亮，但聽的人都覺得很清楚；借助車馬，不用腿跑也能行千里之遠；借助船，水性不好也能渡過大河。也就是說，成功者並不是生來就與眾不同，關鍵在於他能借助外力。就說《三國演義》中的諸葛亮吧，他的長處就是借，不僅能借朋友的（借荊州），還能借對手的（草船借箭），甚至能借天地萬物（借風、借火等）的能量以為己用。再比如《水滸傳》中的宋江，他原本只是一個小吏，論武藝在梁山一百單八將中不排倒數第一，也得排倒數二，但晁蓋死後，他卻成了一呼百應的大哥，靠的是什麼，靠的是武松、林沖、魯智深和李逵等人組成的小勢力。沒有他們，宋江即使當上了大哥，遲早也得被人拉下來。紅頂商人胡雪巖也說過：「一個人的力量到底是有限的，就算有三頭六臂，又辦得了多少事？要成大事，全靠和衷共濟，說起來我一無所有，有的只是朋友。」那麼胡雪巖的朋友都有誰呢？很多很多，但最重要的莫過於王有齡和左宗

棠，二人都是朝廷大員，尤其是左宗棠，實力和勢力都不是一般的大。

來看一個現代經典案例：

1980 年代，美國一家公司生產的天然花粉食品「保靈蜜」銷路不暢，銷售經理換了好幾個，卻始終無法激起消費者對「保靈蜜」的需求熱情。正在大家一籌莫展之際，該公司負責公共關係的一位工作人員帶來了喜訊：美國總統隆納‧雷根（Ronald Wilson Reagan）長期吃花粉類食品。原來這位公關小姐非常善於結交社會名人，常常從一些名流那裡得到一些非常有價值的資訊。這一次她從雷根總統女兒那裡聽到：「20 多年來，我們家的冰箱裡從未斷過花粉，我父親喜歡每天下午 4 時吃一次天然花粉食品，長期如此。」後來該公司公關部的另一位工作人員又從雷根總統的助理那裡得到資訊，說雷根總統在健身壯體方面有自己的祕訣，那就是吃花粉、多運動、睡眠足。於是這家公司在徵得雷根總統同意後，馬上發動了一個全方位的宣傳攻勢，讓全美國人都知道，美國歷史上年齡最大的總統之所以體格健壯、精力充沛，是因為經常服用天然花粉的緣故，該公司的「保靈蜜」得以迅速風行美國市場。

在這個故事裡，「勢」就是雷根總統，借著雷根的巨大影響力和強大說服力（雷根當時已屆 80 高齡），該公司有多少「保靈蜜」都不愁賣不完。

但上述案例還只是借勢的初級階段。真正的借勢高手不僅會借名人效應，還會借品牌、借資金、借市場……套用一句流行語，只有他們想不到的，沒有他們借不到的。

│沒有船就借船出海│

　　半年前，偶遇一位多年前的老同事，我問他最近在哪裡發財，他告訴我「創業」，我問他創業做哪一方面，他有點不好意思地說「做直銷」。出於禮貌，我接受了他的盛情邀請，和他去分享了一堂課。課上，那位不知姓名的演講老師滔滔不絕，但我只記住了一句話——就業是就別人的業，創業才是創自己的業！牛耕了一輩子地，最後非但沒有一塊地是自己的，還得被送進千家萬戶的廚房裡……

　　的確，每一個不甘平庸的人都應該去創業，但創業需要很多的條件，資金就是最難克服的困難之一。想賺錢，你手裡必須得有點錢。想下海，你手裡至少得有一條船。暴虎馮河的做法不僅孔子不提倡，我們也應該力戒之。那是不是說我們的當務之急是先造船呢？不是，我們可以先借一條船。否則等你的船造好了，海裡的魚也被別人打光了。

　　想當年，世界船王丹尼爾·洛維格（Daniel Keith Ludwig）購買第一艘貨輪時，因為沒有任何東西可抵押而被銀行拒絕。情急之下，他找到一家信譽好的石油公司，設法跟這家公司簽訂了租賃合約，將自己準備購買的貨輪租借給石油公司，然後再以租借費用償還銀行的貸款本息。銀行看好這家石油公司，就把錢貸給了洛維格。於是洛維格有了第一艘貨輪。接著，他又用同樣的方法，買下了第二艘、第三艘、第四艘……最終成為美國實業界的巨頭。洛維格的發跡史，其實就是「借船出海」智慧的聚合。而所謂的借船出海，就是在各方面條件初步具備，但缺少某一項條件時，與能提供這一條件者進行合作，借助其力量達到自己的目的。

　　他的成功有力地證明了學會「借船出海」可以讓一個企業省去很多的時間，少走很多的彎路，節約無法估量的資金。所以，無論你是準備創

業，還是創業之初，遇到資本的問題時，都應該學學借船出海，借別人的銀子，借別人的團隊，借別人的品牌，做自己的生意，做自己的大事。

當然了，永遠不要忘了，別人願意把船借給你，前提是和你合作有好處。很多人之所以借不到船，就在於他們忽視了這一點。

‖ 借力使力，事半功倍 ‖

說到借力使力，很多朋友都會下意識地聯想到武俠小說中的「乾坤大挪移」、「以彼之道，還施其身」、「小無相功」等神功，其實，借力使力並不僅僅存在於武俠小說中，商戰中也不乏「借力使力」的經典案例。

1983 年 8 月，日本豐田汽車公司召開了一次意義重大的董事會議。在會上，豐田掌門人豐田英二提出了一個震撼性的問題：「在累積了半個世紀的汽車研發和製造經驗之後，我們究竟能不能創造出足以傲視當世車壇的頂級轎車？」換句話說，這款新車的直接對手將是長久以來盛名不墜的歐洲著名汽車品牌。這在當時，簡直就是對整個日本汽車工業的全面性挑戰。因此很多董事認為，豐田應該將他們做的最好的事情變得更好——為每個人生產可以負擔得起的汽車。他們認為，豐田一旦涉足豪華車市場，就必須以這一領域的頂級對手為敵，要麼是賓士——梅賽德斯，要麼是頂級 BMW。否則生產一款高不成低不就的汽車，投資風險會更大。而一旦確定生產頂級豪華車，豐田就必須投入鉅資開發新的引擎和底盤。退一步講，就算豐田能夠將引擎和底盤做到完美，他們還必須考慮舒適性、內部裝飾和外形美感等問題——而這些都不是豐田的強項。更何況此前豐田公司根本沒有生產、銷售過豪華車。與大多數日本車一樣，當時的豐田與旗下各品牌在消費者心目中「低檔、省油、廉價車」的形象

早已根深蒂固。要改變大眾心目中固有的觀念談何容易？

　　但是豐田英二最終說服了董事們，向豪華車市場進軍的命令隨之下達。6 年的時間，5 億美元的投入，凌志（LEXUS）誕生了。在給潛在顧客郵寄的產品錄影帶中，豐田公司這樣展示凌志汽車的性能：同時在凌志與梅賽德斯 - 賓士（Mercedes-Benz）的引擎蓋上放一杯水，然後同時高速啟動兩車，結果梅賽德斯 - 賓士車上的杯子水花四濺，而凌志車上的杯子則平穩如初；兩車再做急轉彎動作，梅賽德斯 - 賓士車上的杯子立即杯倒水灑，凌志車上的杯子卻依然不倒。豐田公司的意思很明顯，世界上還有比梅賽德斯 - 賓士更穩定的車，那就是凌志。顧客當然是識貨的。僅在當年，凌志車就銷售了 16,302 輛。兩年後，凌志已經成為了在美銷量最好的進口豪華品牌。至 2000 年，凌志一舉奪取了凱迪拉克（Cadillac）在北美最暢銷豪華車的寶座。

　　凌志的成功在於本田公司善於借助競爭對手的力量。

　　無論是借助對手的力量，還是借助旁人的力量，其核心都在於一個「借」字。俗話說，借力使力不費力，借腦用腦沒煩惱。不會借的人，即使擁有天時、地利、人和，最終也難逃失敗的命運。會借的人，即使身處絕境，也不難借到自己需要的各種力量，從而達到自己原本不可能達到的目的。這一點，對那些白手起家者和力量比較弱小的企業尤為重要。

第 15 堂課
逆勢 ── 別按常理出牌

‖ 人棄我取，人取我與 ‖

「人棄我取，人取我與」出自《史記‧貨殖列傳》：「李克務盡地力，而白圭樂觀時變，故人棄我取，人取我與。」李克，即是戰國初期著名政治家李悝，他在魏國擔任相國期間，透過一系列改革變法使魏國成為戰國初期最強盛的國家，其中有一條專為保護農夫利益和發展農業的「平糴」法。所謂「平糴」，就是國家在豐收年分用平價買進糧食，到荒年時以平價賣出，使糧價保持穩定，這樣就保證了社會的穩定和經濟的發展。

後來，李悝的「平糴法」使一個名叫白圭的商人受到啟發。經過反覆思考，他思考出了一套適應時節變化的經商致富策略，歸納起來就是「人棄我取，人取我與」，說白了就是別人不要的商品我就要，別人要的商品我就給予。在當時，主要的商品無非糧食和布帛。穀物成熟、穀賤傷農時，他便低價買進糧食，出售此前儲備的絲、漆；蠶繭結成時，大致也到了青黃不接的時候，他便買進絹帛綿絮，高價出售糧食。在一買一賣之間，牟利致富。

有人認為，白圭的策略並非源自李悝的「平糴法」，而是從陶朱公范蠡的老師計然的「十二循環說」中悟出的。所謂「十二循環說」，簡單來說就是計然認為，農業的豐收和天時有關，每十二年為一個週期，在這個週期內，一般來說每隔三年將會出現較大的變化，如前三年中有一個好年景，那麼此後的第三年往往是大旱之年，大旱之後往往又會大澇，澇年之後則是好年景。在好年景和荒年之間，穀物的價格會有一倍的差異……曾經「三致千金」的范蠡，便是根據老師計然的這一理論，於豐收之年糧食價格較低時大量收購，等到歉收及飢荒的年景再陸續出售，賺取差價。除了經營糧食，范蠡還經營交通工具：車和船。一般商人總是旱時造車，澇

時造船，或者旱時改船為車，澇時改車為船，唯獨范蠡反其道而行之，天氣旱得厲害，他卻將收購來的木材全部用來造船。正當人們譏笑他不識時務時，洪水來臨，還沒等別的商人造船，范蠡事先造好的船隻早已推向了「市場」。

白圭和范蠡都是歷史上一等一的大商人，前者被後人尊為「商祖」，後者則被尊稱為「商神」，但「祖」也好，「神」也罷，他們的理論卻一點也不深奧，無非就是利用時間差賤買貴賣而已。所以，自古以來，但凡經商者大都擅長此道。故有商諺稱：「屯得應時貨，自有賺錢時」。

按照普通人的邏輯，在商品貶值之際大量購進，肯定不可取，因為這樣做不僅會將資金浪費在無利可圖的商品上，還有可能被套牢，賠個精光。客觀地說，有些商品的確不適合囤積，尤其是在生產力發達的當今社會。但縱觀當今大勢，很多東西只能是日益升值，這一原則也至少適用於大多數領域，只要沉得住氣，熬過利潤回報週期，等到該商品價格重新攀升，那些早有準備的人必然能掌握完全的市場主動權，穩賺不賠。

某著名投資大師說過：「瘦田無人耕，耕開有人爭」。要想做好投資，一定要把目光投向沒有人關心的東西，把眼光放在別人看不到的地方，從中尋找積極的因素和良好的催化劑。我之所以能夠成功，就在於「相反理論」的運用，即「人棄我取，人取我予」。不管怎樣，投資方法最終都是統一的，無論是價值投資還是技術分析，一定不離「相反理論」。」

遺憾的是，由於整個社會過於急功近利，對短期收益考慮過多，法制環境也很不完善，因此長期以來，股市對大多數股民來說都是個傷心地。但這又能怪得了誰呢？股市本身並不產生利潤，股市博弈本就是幾家歡喜幾家愁，總是跟著別人的屁股跑，你不賠誰賠？

在前面的章節中，我們講過借力、借勢、順勢的重要性。不過順勢絕非無往不利。在股市等投機市場尤其如此。一支股票看起來會漲停，但你剛剛買完，它就毫不客氣地跌停了；當你咬牙切齒自認倒楣把它賣了，它卻開始反彈，讓你後悔不迭又百思不解⋯⋯「勢」不會憑空出現，你眼中的「強勢」和「弱勢」很多時候都是那些大戶炒作的結果。如果你不能明察秋毫，那你只有賠錢的份。相反，如果你能夠看出其中的微妙，恰到好處地或順勢而為，或逆勢而行，股市好壞都不影響你賺錢。

‖ 所有人都不玩了再衝進去 ‖

有一次，有人問李嘉誠：「您這些年投資上最成功的思路是什麼？」李嘉誠說：「要永遠相信：當所有人都衝進去的時候趕緊出來，所有人都不玩了再衝進去。」

李嘉誠這句經典語錄被不少投資者奉為金科玉律。不過對這句話詮釋得最到位的，還是這位超級富豪自己。

眾所周知，李嘉誠是靠做塑膠花起家的。塑膠花不僅讓他在商海中站穩了腳跟，並為他贏得了「塑膠花大王」的美譽，賺得盆滿缽滿。但是，早在開發塑膠花之前，李嘉誠就預見到，塑膠花只是快節奏生活的產物，只能風行一時，有生命的植物花卉回歸人們的生活，是遲早的事。因此一有空閒，李嘉誠就會思考這樣一個問題：塑膠花還能「開」多久？什麼時間會結束呢？

隨著時間的推移，越來越多的不利因素不斷地向李嘉誠敲響警鐘。首先，香港塑膠廠已是遍地開花，塑膠花簡直都快氾濫成災了。從 1960 年至 1972 年，香港從事塑膠業的廠商從 557 家爆增至 3,358 家，其中有半

數以上的廠商都生產塑膠花。

李嘉誠深知，塑膠花業如此興旺，一方面在於這種產品本身所具備的某些優點，另一方面是它迎合了人們追求時髦的心理。但時尚和時髦是不會停滯不前的，曾幾何時，富人窮人，全都以繫塑膠皮帶為榮，可是現在還有幾個人繫塑膠皮帶？經過時間的檢驗，人們覺得還是真皮皮帶好。塑膠花又何嘗不是如此？儘管塑膠花可以以假亂真，也不用照料，但它畢竟是塑膠花，難以替代充滿自然氣息的植物花卉。

其次，也是最重要的一點：就像當初從海外雜誌上了解到歐美家庭青睞塑膠花的消息一樣，李嘉誠又從一份海外雜誌上了解到，歐美國家的有些家庭已經把塑膠花掃地出門，重新種上了天然的植物花。一方面開足馬力生產，另一方面需求量日益減少，最後只能導致惡性競爭。

再次，不僅香港生產塑膠花的企業越來越多，南美等國家也開始利用當地的廉價勞動力生產塑膠花。而香港的勞工薪資卻呈現逐年遞增趨勢，由於塑膠花屬於勞動密集型產業，利潤也很有限，因此它的發展注定無法持久。

基於以上一系列因素，李嘉誠決定採取一種順其自然的態度，逐漸從塑膠花市場中淡出，轉而把全部精力投注於地產業，並最終成為了除香港政府外擁有港島最多土地和物業的人。

「盛極必衰，物極必反」，這是事物發展的必然規律，然而真正能夠懂得其深刻含義的人並不多。松下幸之助說得好：「武功高強的人，往回抽槍的動作比出槍時還要快。與此同理，無論是做經營，還是做其他事情，真正能做到不失時機地退卻者，才堪稱精於此道。」在這個多變的時代，商人必須懂得見好就收。做什麼事情都不能只注重進，不考慮退。否則等所有人都衝進去並站穩了腳跟，我們恐怕已經難以全身而退了。

看完李嘉誠的「退」，我們再來看看他的「進」。

　　李嘉誠涉足地產業的歷史可以追溯到 1958 年。一天下午，李嘉誠因事驅車經過郊區，看著遠郊的荒涼和市區的繁華，他突然想到：做生意不就是食衣住行嗎？現在這麼多地閒著沒人開發，這不是「住」的巨大商機嗎？更何況香港有的是錢，什麼都能進口，唯獨這個「住」進口不了，只能自己解決。在香港這個彈丸之地，房地產肯定是最穩定、最具升值潛力的產業。

　　從此以後，李嘉誠便刻意留意相關資訊，努力充實相關知識。當年他就在香港北角購買了一塊地皮，興建了一座 12 層高的工業大廈。兩年後，他又在柴灣購地興建了兩座工業大廈。至此，長江實業已經擁有了 20 多萬平方公尺的地產。

　　1960 年代，亞洲遭遇經濟危機，香港地產價格暴跌，到處拋售，很多房地產開發商甚至開始遷出香港。而李嘉誠卻選擇了相反的操作方向，他審時度勢，趁機大量收購那些急於脫手的樓宇和地皮。事實證明了李嘉誠的商業眼光，到 1970 年代初，香港地產業迅速回暖，李嘉誠不僅狠賺了一筆，而且一躍成為了香港房地產大王，為其日後「小蛇吞大象」收購「和黃」打下了基礎和伏筆。

　　李嘉誠曾經說過 ── 大街上血流成河的時候，恰恰是最好的投資時機。無獨有偶，金融大亨彼得‧林區（Peter Lynch）也曾鄭重提醒華爾街投資者：「最好的賺錢之道，就是在華爾街血流成河時買進好股票。如此艱難時刻，恰恰能真正區分誰是普通投資者，誰是偉大投資者。」當然，「人棄我取」，「在沒有人想要的時候買入」，這些道理說起來容易，但真正能夠在非常時刻看準時機並勇於一舉介入，實在需要非凡的見識和魄力，而這兩點又無一不是大多數投資者所缺乏的素養。

‖像富翁一樣思考，像智者一樣分析‖

有一則笑話：

一個石油大亨去天堂參加會議，走進會議室，他發現已經座無虛席，沒有地方落座，於是他靈機一動，喊了一聲：「地獄裡發現石油了！」這一喊不要緊，所有的石油大亨們紛紛向地獄跑去，很快，天堂裡只剩下了他自己。片刻之後，他也坐不住了，心想：大家都往地獄跑，莫非地獄裡真的發現了石油？我可不能落後，於是他也急匆匆地向地獄跑去。

這個笑話闡釋的是投資學中的「羊群效應」。

職場上也不例外，看到做 IT 的賺錢，大家都想去做 IT；聽說做手機遊戲的賺錢，大家都一窩蜂擁上去；感覺做公務員很穩定，收入也不錯，便都去考公務員……

羊群效應是一種很複雜的現象，其形成有許多原因，但最重要的一點，在於大多數不具備獨立思考問題的能力。我們不是羊，我們要用自己的腦子去思考。

古人云，「智者不惑，仁者不憂，勇者不懼」。意思是一個人要達成完美的人格修養，智、仁、勇缺一不可。智就是智慧，有智慧的人，遇到什麼事情，都能一眼看透其本質，因此不會盲目從眾，受其迷惑。仁就是仁愛，有仁愛之心的人，由於總想著如何幫助別人，反倒不會為自己的處境而憂煩。這也正是范仲淹「先天下之憂而憂」的境界。勇敢的人，是沒有什麼可怕的。但仁也好，勇也罷，都是與大智慧並存的。否則就難免是「婦人之仁」或「匹夫之勇」。

言歸正傳，這與我們致富有什麼關係呢？且看孔子的弟子子貢的故事。

　　按照司馬遷《史記‧仲尼弟子列傳》的說法，子貢是所有孔門弟子中把學與行結合得最好的一位。而顏回和子路等人，雖然學業成績、個人修養與子貢不相上下，甚至比子貢還好些，但說到說話、做事的能力就與子貢相形見絀了，至於經商理財的能力，更是望塵莫及。這一點孔子也是非常認可的。有一次，孔子有意無意將顏回和子貢做起了比較，說：「回也其庶乎，屢空。賜不受命，而貨殖焉，億則屢中。」意思是，顏回這個人，學識、品德都稱得上爐火純青，但不知怎麼搞的，他就是弄不到錢，動不動家裡就斷了煙火；而子貢，雖然不安本分，經商走賈，但他做生意的眼光的確很好，每次都能把市場行情預測個八九不離十。

　　來看兩個案例：

　　有一次，子貢和幾個商人一起去北方的燕國做木材生意。半路上，他們聽到一個令人沮喪的消息，說燕國與齊國剛剛爆發了一場邊境戰爭，由於齊軍強大，燕人不得不把邊境地帶的山林引燃以抵禦齊軍，結果引發了大規模山火，所有山林都被焚毀一空……同行的幾個商人認為，山林都燒光了，我們還做什麼木材生意？於是他們掉頭南下，去了別的地方另尋商機。子貢卻認為這個消息大有漏洞，因為對弱小的燕軍來說，山林其實是他們抵禦齊軍最好的天然屏障，他們怎麼會自毀長城？這肯定是一個謠言。於是子貢獨自北上，到燕國一看，果然壓根就沒什麼戰爭和大火，於是他大量買進木材，販賣至南方，大賺了一筆。

　　用孔子的話說，子貢這項本事叫「億則屢中」，「億」就是臆測、推想，那麼，子貢為什麼能「億則屢中」？很明顯，有主見，且分析、推理能力過人。我們屢次提到的李嘉誠也是如此。他為什麼能在眾人都不敢戀戰之際大膽買進地皮？因為他早已預見到香港地產業的巨大前景，所以他

才不會理會經濟及政治情況的風雲變幻，才能在機會到來時獨處潮頭，大把買進。

遺憾的是，這恰恰是很多商人的弱項，很多商人也往往是因此走上「歧途」的。所以說，人一定要學會培養自己的分析能力。有了這種能力，才能不被環境所惑，不被旁人所擾，從而不盲從、不跟風，走好自己的路，實施自己的既定策略。

第 16 堂課

機遇 —— 財富路上的轉折點

‖ 機遇青睞有準備的人 ‖

有一個小笑話：

一個壯志未酬的年輕人，總是喜歡抱怨：那個著名的蘋果為什麼不掉到我的頭上？那個價值連城的海洋之星的鑽石為什麼不遺失在我家的門口？為什麼拿破崙（Napoleon Bonaparte）會碰上約瑟芬・德・博阿爾內（Joséphine de Beauharnais，拿破崙的第一任妻子）？而高大威猛的我卻無人垂青？有一天，他的老師聽到抱怨後說：好吧，我成全你，我先照樣給你掉下一顆蘋果，結果你卻把它吃到了肚子裡；我又把鑽石放在你的腳前，結果你被絆倒，起來後你一腳把它踢進了陰溝。最後我決定就讓你做拿破崙吧，不過也要像對待他一樣，先把你抓進監獄，撤掉將軍的軍職，趕出軍隊，然後再把身無分文的你扔到塞納河邊。最後，就在我催促約瑟芬上路的時候，遠遠聽到撲通一聲，你投河自盡了。

這個笑話生動地說明：世界上從來都不缺少機遇，缺少的只是有準備的人。

機遇是什麼？機遇就好比滔滔洪水中的一根木頭，抓住了它你就能逃離苦海，擺脫貧窮，抓不住它你可能再無致富的可能。但生活的大洪水裡，到處都是人，這根木頭並不是只為你一個人準備的，只有那些有準備的人才能抓住它。

機遇是稀缺資源，只對有準備者開放。那些能夠成就大事的人，之所以能夠獲得命運的青睞，能在機遇來臨之時牢牢地抓住它，就是因為他們較之常人為此進行了更為漫長和充分的準備。他們就像一顆倔強的種子，在黑暗的泥土中蓄積著營養和能量，一旦聽到春風的呼喚，就會破土而出，成就棟梁。

有句老話叫「萬事俱備，只欠東風」，其中的「東風」，其實就是機遇，事實證明，萬事俱備者未必能等來東風，但也只有在「萬事俱備」的情況下，東風才顯得珍貴和富有價值。換句話說，如果你沒有做好準備，「東風」來了也沒用。「東風」會毫不眷戀地離你而去，奔向那些做好了準備的人。

那麼，如何才算有準備的人呢？當然不是說說這麼簡單。

首先要有心理上的準備，要有勇氣。沒有勇氣，機會來了反而會把你嚇倒。

其次是行動上的準備。當今社會，膽小鬼越來越少，為了掌握機遇，不少人甚至達到了無所不用其極的程度。這種情況下，人們的心理準備會相互抵消，失去意義。這種情況下，實力說了算。

實力當然從努力中來。努力總是有用的。機會總是在你一心一意、盡心盡力地努力的時候，悄然出現在你的面前，而不會提前通知你。

當然，有的時候，機遇也是顯而易見的。但機遇之所以稱為機遇，就在於它無比地稀缺，它絕不會是普世的。從一定程度上說，一個人擁有、掌握住了機遇，也就意味著另一個人甚至很多人都失去了機遇。這就是機遇的殘酷性。

200多年前，北美大陸上的印刷廠大多是手工小作坊。當時有個叫安德魯·布萊德福特（Andrew Bradford）的人，他透過努力包攬了所有印製賓夕法尼亞州政府文件和宣傳品的工作。雖然他的印刷廠管理混亂，印刷品質也很差，但因為有個大客戶，因此他成了好多印刷商嫉妒的對象。

有一次，一位賓州政府要員要在某大會上發言，他要求布萊德福特為他印製發言稿。布萊德福特和從前一樣，把文件馬馬虎虎排版，草草地印刷了出來。結果這件事情被另一個年輕的印刷商得知，他知道自己一直等

待的機會來了。於是，年輕人想辦法找來了官員致詞的原稿，費盡心思地把版式設計得優美大方，又嚴謹地依照原稿一遍遍核對了印刷品上的每一個字，然後他親自把自己印製的致詞送到政府要員手中，同時還附上了自己對官員致詞的見解。結果第二年，賓州政府就和安德魯・布萊德福特解除了合約，轉而把所有的印刷事務都承包給了這個年輕人。這個年輕人，就是班傑明・富蘭克林（Benjamin Franklin）。

富蘭克林的故事，不僅再次印證了機遇的重要性和殘酷性，也從側面提示我們：人不能一味地等待機遇，人要懂得創造機遇。因循等待是人們失敗的最大原因。只要你做好了充分的準備，並且具備了創造時機的能力與智慧，機遇隨時隨地都能被創造出來。

｜發現機遇，經營機遇｜

金仁傑是元代的劇作家，他作過這樣一首詩：「身似青山氣似雲，也曾富貴也曾貧。時運未來君休笑，太公也作釣魚人。」意思是說，如果時運未到，有姜子牙那麼大的本事也無可奈何。現實生活中也是如此，有的人才華過人，有的人勤奮肯做，可總與成功無緣，他們所缺的便只是機遇了。

不過金仁傑忽略了一點，那就是姜子牙作釣魚人並不是隨機的，也不是無奈的，而是主動的，有目的的。他是在聽說周文王姬發為治國興邦正在廣求天下賢能之士的消息之後，才棄紂投周的，他之所以隱居在渭水之濱，也不過是因為他知道姬發喜歡去那裡遊獵。也就是說，自從姜子牙聽到姬發訪求天下賢能之士那一天起，他的機遇就已經降臨了。他正是因為看到了機遇，才不失時機地跑到了渭水之濱，「不為錦鱗設，只釣王與侯」。

換句話說，機遇很重要，但更重要的怎麼識別它，更更重要的則是怎麼經營它。

機遇是什麼？機遇就是那個掉到艾薩克・牛頓（Isaac Newton）頭上的蘋果，沒有它，牛頓就發現不了萬有引力。但它如果掉到我們頭上，大多數人卻只會把它當成盤中餐，然後繼續抱怨機遇難得，人生好辛苦。

很多人都說，我這個人比較倒楣，總是「時不利兮騅不逝」，剛一炒股就碰上了金融危機……其實不然，「福兮禍所伏，禍兮福所倚」，牛市照樣有賠得跳樓的，熊市大賺特賺的也不少，熊市有熊市的機遇，牛市有牛市的機遇，關鍵看你能不能識別它。一句話，機遇無處不在，無時不在，只不過大多數人缺少一雙明察機遇的眼睛罷了。

發現機遇只是前提，把機遇經營好，經營成真金白銀才是關鍵。尤其是當機遇顯而易見時，面對眾多哄搶機遇的對手，我們應該怎麼辦？看看國際金融之父羅斯柴爾德（Rothschild）當年是怎麼做的吧：

1815年6月18日，拿破崙指揮法軍和英國將軍威靈頓（Wellington）指揮的反法聯軍在比利時的滑鐵盧（Waterloo）展開了激戰。當天傍晚，由於反法聯軍的援軍及時趕到，而拿破崙的援軍卻遠水救不了近火，因此戰場形勢立即發生逆轉，反法聯軍大舉反攻，法軍全線潰退。

眼看拿破崙敗局已定，一個名叫羅斯伍茲的英國人悄然撤離戰場，騎上快馬奔向布魯塞爾，然後轉往比利時的奧斯坦德港。當羅斯伍茲跳上一艘持有特別通行證的快船時，已經是深夜時分。當時英吉利海峽風急浪高，他出了 2,000 法郎的高價，才找到一個水手連夜將他渡過了海峽。當他於 6 月 19 日清晨到達英國福克斯頓的岸邊時，他的老闆南森・羅斯柴爾德（Nathan Mayer Rothschild）早已等候多時了。羅斯柴爾德迅速打開信封，快速看完信，然後策馬直奔倫敦股票交易所。

當羅斯柴爾德快步進入股票交易所時，正在等待戰報的焦急又激動的人群立刻安靜了下來，所有人的目光都注視著羅斯柴爾德那張毫無表情、莫測高深的臉。羅斯柴爾德放慢了腳步，走到被稱為「羅斯柴爾德支柱」的座位上，他臉上的肌肉就好像石雕一般，沒有絲毫的情緒浮動。

稍停片刻，羅斯柴爾德衝著環伺在身邊的羅斯柴爾德家族的交易員們，遞了一個含意深邃的眼神，他們立即一聲不響地衝向交易臺，開始拋售英國公債。大廳裡立刻出現了一陣騷動，有些人開始交頭接耳，更多的人仍然不知所措地站在原地。這時，相當於數十萬美元的英國公債被猛然拋向市場，公債價格開始下滑，然後更大的拋單像海潮一般，一波比一波猛烈，公債的價格開始崩潰。大廳裡有人發出了驚叫：「羅斯柴爾德知道了」，「羅斯柴爾德知道了」，「威靈頓戰敗了」……隨後，所有的人像觸電一般醒過味來，拋售終於變成了恐慌，每個人都想立刻拋掉手中已經「毫無價值」的英國公債，盡可能留住殘餘不多的財富。幾小時後，英國公債已成為一片垃圾，票面價值僅剩下 5%。

而羅斯柴爾德從始至終不發一言，漠然看著眼前的一切。忽然，他的眼神輕微閃動了一下，那是一種不經長期訓練絕不可能讀懂的眼神，他身邊的交易員們心領神會，立即撲向各自的交易臺，開始買進市場上能見到的每一張英國公債……

直到 3 天後，英國軍隊在滑鐵盧得勝的消息才傳到倫敦。而此時的羅斯柴爾德因持有大量的英國國債，已經成了英國政府最大的債權人，牢牢控制了大英帝國的經濟命脈。據估算，羅斯柴爾德在滑鐵盧戰役後一兩天內賺到的錢，超過了他前半輩子賺的錢財的 120 倍，可謂一夜暴富。由此開始，不到 20 年間，他和他的家族成員累積了多達 70 億美元的財富，成了英國有史以來最大的金融家族。

有人說，羅斯柴爾德能夠成功，關鍵在於他有商業眼光，他深知滑鐵盧戰役的結果不僅在軍事上意義重大，而且對金融界的影響也同樣深遠。倘若拿破崙得勝，法國就會成為歐洲的主宰，英國公債的價格就將大跌；相反，如果威靈頓獲捷，英國則會主導歐洲，英國公債就會大漲特漲。客觀地說，這一點很重要，但是其他投資者哪一個不知道這一點呢？他能夠以滑鐵盧之戰為契機，在英國公債上大賺其錢，並讓其他投資者淪為窮人，在於他不僅善於發現機遇，而且善於經營機遇。而為了經營好機遇，他不僅在戰前派出了包括羅斯伍茲在內的很多名間諜刺探戰況，從而獲得了最及時的資訊，同時透過大玩欲擒故縱的心理戰術，把大部分投資者都帶進了溝裡，最後他一個人爬出了溝外，大發了一筆國難財。但那些可憐的公債持有人卻抓不住他任何把柄，因為他從始至終連一句話都沒說過！

如果說窮人之所以成為窮人，並不是因為缺少機遇，而是因為不善於掌握機遇，肯定有很多人不同意，因為他們更願意把自己的「被經營」歸罪於環境、社會和人際關係等因素。這樣說其實也對也不對，但有一點是絕對的，那就是早點學會經營機遇比怨天尤人更為有益。

‖ 危機就是危險中的機遇 ‖

據古籍《夷堅志》記載：

南宋紹興十年七月的一天，都城臨安城中最繁華的街市不慎失火，當時正值天乾物燥，更糟糕的是還有不大不小的風。不多時，火勢迅速蔓延，數以萬計的房屋商鋪被汪洋火海所吞沒，頃刻間房倒屋塌，化為一片廢墟。大火無情，將無數人的苦心經營毀於一旦。人們或是哭天搶地，或是忙著滅火搶救財產。唯獨一位姓裴的富商，眼看著他的幾間當鋪和珠寶

店即將化為烏有，他不僅沒讓夥計和奴僕們衝進火海，捨命地搶救珠寶財物，反倒不慌不忙地指揮大家迅速撤離，一副聽天由命的樣子，讓人大惑不解。背地裡，裴老闆卻不動聲色地將眾人派往長江沿岸，平價大量採購木材、磚瓦、石灰等建築材料。當這些材料堆積如山的時候，他又像個沒事人似的，整天喝酒飲茶，好像一場大火根本與他無關。大火整整燒了數十天才被徹底撲滅，昔日車水馬龍的臨安大半個城池都被燒毀，到處斷壁殘垣，狼籍一片。沒幾日，朝廷頒下安民布告，並下旨重建臨安城，所有經營建築材料的商人一概免稅。一時間，臨安城內開始大興土木，建築用材供不應求，價格一路上揚，裴老闆轉手之間獲利數倍，遠遠超過了火災中焚毀的資財。

　　這個故事有力地證實了什麼叫作「危機就是危險中的機遇」。所謂危機，戲說一下就是既有危險，也有機遇。如前所述，風險總是與收益成正比，機遇總是存在於危險的處境之中，只不過當危機降臨時，大多數人只能看到危機中的危（險），卻發現不了機（遇）的部分。或者說，大多數人遭遇危機時會自然而然地灰心喪氣，從而被自己的情感蒙住雙眼。所以，遭遇危機時，我們首先要學會跳出圈外，做一個局外人。所謂當局者迷，旁觀者清，只有跳出圈外，不帶任何感情色彩地去看待一件事情，我們才能站在客觀的角度去看待危機，分析危機，從而做出最有利的下一步動作。

　　蘇格拉底說過：「最有希望的成功者，並不是才幹出眾的，而是那些最善於利用每一時機去發掘開拓的人。」既是每一時機，自然也包括危機。只要你足夠冷靜，處理得法，危機可能就是轉機。

　　想當年，香港某生產塑膠花的企業曾經想一舉搞垮剛剛起步的李嘉誠。這天，李嘉誠正在廠裡與幾名技術工人探討設計方案時，一個工友神色不安地走過來，嚷道：「不好啦，不好啦，有人在外面拍照，在做負面

宣傳，揚言要整垮長江塑膠廠。」

李嘉誠一聽，忙對身邊幾名工人說：「你們繼續做，我出去看看。」

剛走出生產線，李嘉誠就看到有人正在用長鏡頭對著他的廠房拍照。見李嘉誠出來了，那些人連忙掌握時機將他也拍入鏡頭。這時，憤怒的工友們也相繼走出了生產線，他們紛紛要求對方交出照相機，李嘉誠卻冷靜地制止了大家，平靜地勸大家說：「大家工作去吧！現在拿了他的照相機，他們明天還會來拍，不達到目的，他們是不會甘休的。」

幾天之後，附有破舊的「長江塑膠廠」和「無所作為」的廠長的一篇報導在報紙上毫無疑問地發表了，李嘉誠自然知道這種負面宣傳將使他陷入危機，但他非但不怕，反而心生一計，決定充分利用這種免費宣傳。在接下來的幾天時間裡，李嘉誠拿著這份報紙，背著自己的產品，相繼走訪了全香港上百家的代理商。李嘉誠很坦誠地對他們說：「你們看，『長江塑膠廠』在創業階段的廠房是夠破的，我這個廠長也夠憔悴且衣冠不整。但請看看我們的塑膠花，還有幾款我們自己設計的連歐美市場都沒有的品種，我相信品質可以證明一切，歡迎你們到我們廠裡來參觀訂購。」

代理商們驚奇地看著這個誠實勇敢的年輕人，發自內心地欣賞他，再加上真金不怕火來煉，經過到「長江塑膠廠」現場參觀，不少代銷商都表示願意與李嘉誠合作。在得知李嘉誠的事業剛剛發展，資本有限時，有些經銷商甚至主動提出願意先付 50% 的訂金！

就像每一枚硬幣都有正反兩面一樣，做生意也好，做其他事情也罷，順利都不可能是常態，誰都不免遇到危機，有些危機還往往是我們無法預料的。但任何危機都有解決之道，只要你用積極的心態去應對，事情總會向好的方向發展。在人類的智慧和力量面前，再大的危機都是微不足道的，可怕的是一遇到危機就手足無措，把危機無限放大，最終將危機引

爆，再也沒有站起來的可能。

　　機遇青睞有準備的人。換言之，機遇是準備出來的。其實危機也往往是我們自己為自己準備的。只不過準備的過程不為我們所知，或者說不為我們所重視。所以，化危機為轉機固然重要，但從源頭做起，從小事做起，盡可能地杜絕危機更為重要。

第 17 堂課
速度 —— 人生就是一場大火

‖ 速度，速度！‖

春秋年間，齊桓公不計前嫌，派使者去戰敗國魯國索要曾經射過自己一箭的仇人管仲。魯國大夫施伯認為，齊桓公肯定會任用管仲，而他一旦起用管仲，齊國便會更加強大，從而構成對魯國的極大威脅，因此力勸魯莊公將管仲殺死，只將其屍首送給齊國。但齊國使者說：「我國國君想親手把他殺死，以報先前那一箭之仇。如果現在得到的只是一具屍首，那就跟沒有得到他一樣嘛！」於是，魯莊公便下令將管仲捆綁起來，裝進囚車，派幾個役夫把他押送到齊國去。路上，管仲唯恐魯莊公醒悟過來派人追殺他，便對役夫們說：「我為你們唱歌，你們跟著我應和。」說完即興編了一曲黃鵠歌。役夫們聽著他的「逃命進行曲」，不由自主地隨之邁動腳步，步伐越來越快。等魯莊公醒悟過來，派人去追時，管仲早踏上了齊國的土地。

對於逃命中的管仲來說，多快都嫌慢。商戰亦是如此。比爾蓋茲說過：「人生就像一場大火，我們所能做的就是撲進火裡，搶一些東西出來。」怎樣才能從人生的大火中多搶些東西出來？無疑得加快速度。

有一個眾所周知的寓言：

非洲大草原上，天剛濛濛亮，羚羊一家就起床了。母羚羊對小羚羊說：「乖孩子，趕緊去練跑步！要不然將來會被獅子吃掉！」

與此同時，獅子一家也起床了。母獅子對小獅子說：「乖孩子，趕快去練跑步！要不將來吃不到羊肉！」

獅子天生吃羚羊，羚羊天生被獅子吃。兩種動物實力懸殊，但面臨的卻是同一個問題：生存！而保證生存的唯一方法就是速度。羚羊一定要比跑得最快的獅子還要快，或者說至少要比大多數同類都要快，不然就會被

吃掉；獅子要想繼續生存，也必須比羚羊跑得更快，或者說獅子至少要撲上跑得最慢的那隻羚羊。

優勝劣汰的叢林法則對人類社會同樣適用。誰的速度快，誰就能生存和發展；誰的速度稍慢，誰就要餓肚子，甚至被吃掉！按照《世界是平的》（*The World Is Flat*）一書的作者湯瑪斯・弗里曼（Thomas L. Friedman）的說法，當今世界是一個大賽場，無論你是誰，無論你在哪裡，隨時都可以入場，但這個賽場裡不賽別的，只賽百米衝刺——一輪又一輪的百米衝刺。你必須不斷地衝刺，否則無異於跑得不夠快的獅子和羚羊。弗里曼強調，在這個賽場上，如果你是一隻跑得不夠快的羚羊，你就危險了；如果你是一隻跑得不夠快的獅子，那你就該警惕了。當然，如果你還是井底的那隻青蛙，那你就已經不在這個世界了。

有一位總裁在一次例會上給所有主管出過一個腦筋急轉彎：「怎麼做才能讓石頭在水面上漂起來？」

有人說：「把石頭掏空！」總裁搖搖頭。

有人說：「把石頭放在木板上！」總裁說：「沒有木板！」

有人說：「做一塊假石頭！」大家哄堂大笑。總裁說：「石頭是真的。」

副總裁說：「是速度！」

「沒錯！」總裁點點頭，說：「《孫子兵法》上有這樣一句話：『激水之疾，至於漂石者，勢也』。速度能使沉甸甸的石頭漂起來。同樣，在資訊化時代，速度決定著企業的成敗……」的確如此。比如曾經的手機行業老大諾基亞，由於在智慧型手機技術開發方面策略失誤，結果市占率一落千丈。「大魚吃小魚，小魚吃蝦米，蝦米吃爛泥」，這是我們從小就懂得的常理，或者說叫真理，但今天它已經不適應了。企業界有一個「快魚

理論」，意即現代社會一切競爭都與速度密切相關。誰速度快，誰就能走在時代的前頭，因此大魚（大企業）未必吃得了小魚（小企業），反而往往因為行動遲緩被小魚吃掉或被小魚搶走食物。如 1965 年，當加拿大政府決定將楓葉定為國旗圖案的決議剛剛傳出三天，日本廠商趕製的各色楓葉小國旗及帶有楓葉標誌的各種玩具就出現在了加拿大市場，行銷大成功，而「近水樓臺」的加拿大廠商反而坐失良機。

　　日本能從一個戰敗國迅速成長為世界最重要的經濟體之一，靠的就是速度。有不少人崇尚「機遇說」，其實機遇是與速度成正比的。當今商界，強手林立，人才雲集，機會一旦來臨，許多人可能會同時發現它，幾個競爭對手共同指向一個目標，乃至群雄逐鹿的場面會越來越多。究竟鹿死誰手，取決於競爭者的力量和智慧，也取決於競爭者的速度。在競爭者的力量和智慧等同時，速度就是力量。誰速度快，誰就能先人一步，拔得頭籌；誰速度快，誰就能搶占先機，搶占市場；誰速度快，誰就能在沒有硝煙的戰場上以迅雷不及掩耳之勢打擊對手，全身而退。

┃今天不猶豫，明天不後悔┃

　　宋人張泳說過：「臨事三難：能見，為一；見能行，為二；行必果決，為三。」商場如戰場，戰機稍縱即逝，在機遇來臨時當機立斷，你才能掌握良機；在需要出手時果斷出手，你才能掌握先手，在財富的大路上快人一步，捷足先登。速度不僅僅適用於追求財富，它還廣泛適用於人生經營的各方各面。我們來看一個故事：

　　很久以前，印度有位哲學家，他俊朗的外表和淵博的知識傾倒了無數美女。某天，一個女子敲開他的房門，說：「讓我做你的妻子吧！錯過

我，你將再找不到像我一樣愛你的女人！」

哲學家也很中意這個女人，但他一向行事謹慎，於是他說：「讓我考慮考慮！」女人走後，他拿出研究學問的精神，將結婚和不結婚的利弊統統研究一遍，結果發現結婚和不結婚的利弊均等，著實讓人難以抉擇。於是他陷入了長期的苦惱之中。直到若干年後，他福至心靈，得出一個結論——如果一個人面臨抉擇無法取捨，那麼他就應該選擇自己尚未經歷過的那一個。不結婚的處境我是清楚的，但結婚會是怎樣的情況我還不知道，對！我該答應那個女人的請求。

哲學家精心修飾一番，來到那個女人的家中，卻找不到女人的蹤影。他問女人的父親：「你的女兒呢？請告訴她，我考慮清楚了，決定娶她為妻！」女人的父親卻冷漠地回答道：「你來晚了十年，她現在已經是三個孩子的母親了！」

哲學家聽後，整個人幾乎為之崩潰，他萬萬沒有想到，自己的哲學頭腦最終換來的竟然是無法挽回的悔恨。不久，哲學家憂鬱成疾，臨死前，他只留下了一句話：今天不猶豫，明天不後悔。

故事中的女人，好比機會女神；寓言中的哲學家，好比世人。沒有人不憧憬機會，也沒有人不知道機會的重要性，但當機會降臨時，很多人又往往像寓言中的哲學家似的，前思後想，左顧右盼，可機會女神耐心有限，猶豫一秒鐘，她可能就已投入了別人的懷抱。所以，我們要有該出手時就出手的魄力，先把機會搶到手再說。即便以後不得不放棄機會，也不能現在就錯失機會。

▎別讓拖延把你拖垮 ▎

證嚴法師說過：人有無限的可能、無限的力量，但是很多時候人們會因為某些因素，在面對工作時產生「等一等」的想法。結果工作越積越多，事情越拖越複雜，因此就會無端地增加工作時間，影響整體效率和進度。你會看到，由於沒有做到「今日事，今日畢」，很多人在新的一天還在忙碌著昨天的事情，用今天為昨天還債，同時欠下新債。如此惡性循環，又怎麼能成就自己呢？

拖延者是沒有速度可言的，而沒有速度，在一定程度上就意味著沒有成功。這是一個刻不容緩的時代，機會不等人，只有立即執行，盡量趕在時間前面，我們才能掌握機會，才能將其轉化為實實在在的成功。

相對於那些能夠做到「今日事，今日畢」的人來說，我們身邊的大多數人，卻長期習慣於拖拉、散漫的生活，在平庸的循環裡掙扎、徘徊。「今日事，今日畢」，就像他們曾經開出過的無數空頭支票一樣，從來都沒有得到切實的執行。「今天做完了明天做什麼？」如此振振有詞的藉口，怎不令人啞然？他們已經習慣了生活在「蝸牛的世界裡」，同時，他們也注定了自己沒有成功的人生。

總之，拖延是平庸的加工廠，它的流水線上只生產沮喪，甚至是永恆的絕望。如果你不想被拖延拖累、拖疲、拖垮、拖殘，那麼趕緊把自己的想法交給行動。行動是克服拖延的最有效的武器，也是唯一的武器。

第 18 堂課
冒險 —— 撐死膽大的，餓死膽小的

∥ 永遠走在前面 ∥

1970 年代，一個名叫科萊特的英國青年考上了美國哈佛大學，他的同桌是一個 18 歲的美國年輕人，倆人一起聽課，一起探討問題，還經常一起吃飯，時間一長，成了非常要好的朋友。

大二的一天，那個美國年輕人突發奇想，對科萊特說：「我有個好想法，我們一起退學吧！我覺得現在正是創業的絕佳時期，我想未來的電腦領域會日新月異，我們可以一起去開發 32Bit 財務軟體。」當時科萊特感到非常驚詫，因為他來這裡是求學的，不是來鬧著玩的。再說自己連 Bit 系統的課程都還沒學完，要開發 Bit 財務軟體，豈不是痴人說夢？於是，他委婉地拒絕了年輕人的邀請。

不久，美國年輕人真的退學了。科萊特繼續留在哈佛深造，他始終不相信美國年輕人能取得什麼成果，因為他學到的東西太少了。科萊特堅信，只有把全部知識學好了，學精了，才有能力去從事科研事業並獲得成功。

抱著這一信念，10 年後，科萊特成為了哈佛大學電腦系 Bit 方面的博士研究生，但那位美國年輕人卻在這一年進入了美國《富比士》雜誌億萬富翁排行榜。

1992 年，科萊特繼續攻讀博士後，那位美國年輕人的個人資產達到了 65 億美元，成為僅次於巴菲特的美國第二富翁。

1995 年，科萊特認為自己已具備了足夠的學識，可以研究和開發 32Bit 財務軟體了，但那位年輕人早已繞過 Bit 系統，開發出了 Eip 財務軟體，它比 Bit 快 1,500 倍，並且在兩週內迅速占領了全球市場，使其一躍成為世界首富。一個代表著成功和財富的名字 —— 比爾蓋茲，也隨之傳遍全球。

比爾蓋茲曾經說過：未來的路上走的都是有遠見的人。何謂「遠見」？簡單來說就是一種能夠看到大多數人都看不到的機會的能力。它與知識相關，但絕不對等。它需要勇氣和行動支撐，否則遠見無異於空想。只有具備遠見卓識且敢為天下先者，才能成為時代的勇者。

有遠見的人是人群中的稀缺資源。大家都能看到，還叫什麼遠見？那麼大多數人為什麼沒有遠見？最根本的原因就是害怕失敗。由於害怕失敗，大家只能捨遠求近，只能習慣性的看看那些近在眼前的、摸得著的東西。

沒有人喜歡失敗，無論是誰，投資時都應該持謹慎態度。但這正是大多數人的軟肋。一個人過於謹慎，就會考慮得太多，以至於終其一生都不敢有所動作，甚至於連想都不敢想。殊不知對於一個貧窮的人來說，最大的風險就是一輩子都做窮人。

世界上沒有絕對的風險，風險總是與成功相伴的。對於一個不甘平庸的人來說，首先要做的事情就是砸碎禁錮自己的思想牢籠，勇敢地走在眾人的前頭。

當然，踏出第一步是遠遠不夠的。永遠走在前面，不僅需要勇氣支撐，也需要智慧去保證。我們提倡冒險精神，但絕對不提倡蠻幹。誰蠻幹，誰就是下一個財富戰爭中的炮灰。要想在財富路上一馬當先，就必須具備冒險精神和超前意識，永遠走在眾人前面。但我們不能為超前而超前，為冒險而冒險，如果故事中的主人公還沒有想好下一步怎麼走就貿然行事，那就是毫無疑問的蠢人之舉。冒險絕不等於鋌而走險，冒險一定要與智慧結合。切記！

‖ 膽大妄為才能大有作為 ‖

如果有一份事業，難度非常大，但做好了能讓你飛黃騰達，做不好卻要丟掉飯碗，而且是個很不錯的金飯碗，又沒有人逼著你非做不可，你敢不敢做呢？也許你會說敢。但你會不會做呢？也許你還是會說會，而且是發自內心的，那麼恭喜你，至少在勇氣方面，你已經可以和很多世界級的大富翁並駕齊驅了。

李嘉誠曾經說過 —— 大街上血流成河的時候，恰恰是最好的投資時機。美國億萬富翁哈默也說過 —— 只要值得，刀口上的血也敢舔。真是富人所見略同，沒有過人的膽識，還奢談什麼賺大錢？如果你不敢冒險，不敢做第一個吃螃蟹的人，那麼你很可能注定平庸一生。尤其是那些現在依舊在受窮的朋友，你們更需要冒險精神 —— 成功了一舉致富，失敗大不了繼續過窮日子。

有人說，機會和風險是一對孿生兄弟，不錯，機會始終是伴隨著風險出現的。但事實證明，機會始終是大於風險的。

態度決定一切，不同的人對待機會和風險的態度是不一樣的，因而產生了不同的結果。世界管理大師彼得‧杜拉克（Peter Ferdinand Drucker）曾說：「不要試著最大限度地去降低風險，你的職責是最大限度地擴大機會。」

也就是說，你要盡量著眼於機會而不是風險。因為著眼風險往往意味著放棄。有人說：「奮鬥不一定成功，但放棄一定失敗。」一個人如果以消極的態度看待問題，往往會著眼於風險，實際上這是最大的風險，因為他錯過了成功的機會。著眼風險的人，主要是被局部的、眼前的困難所嚇倒，缺乏全面意識和長遠眼光，遲疑不決而喪失良機。時間成本是至關重

要的，許多決策今天定與明天定，成本是不一樣的，更何況有些機會只有一次，機不可失，時不再來。沒有風險的事是不存在的，關鍵是正確的對待，透過擴大機會以降低風險。這裡最有效的辦法就是「大膽嘗試」，敢嘗試就是擴大機會，在嘗試的過程中發現問題並解決問題。

敢冒險就是創新，千萬不要把創新放得那麼高。擔心失敗，永遠不可能有創新，沒有風險的路就不叫創新。我們沒必要擔心創新導致的失敗，因為沒有創新，永遠跟著別人走的人，會永遠感到害怕。當然，著眼機會也好，創新也罷，都不等於漠視風險。任何一件事情的結果都不外乎成功和失敗兩種可能，當失敗的可能性極大時，卻偏要去做，那就不是冒險，而是傻瓜。《易經》上有一個「履」卦，它的卦辭一開始就說：「履虎尾，不咥人。」意思是說，踩著老虎的尾巴走路，老虎卻不咬人。引申到現實生活中，就是說對於錯綜複雜的投資環境，要勇敢面對，積極前行，但是必須得具備不被「老虎」咬傷的能力。再說得通俗點就是，想賺大錢必須要有入虎穴的勇氣，但要想成功得到虎子，你必須小心謹慎，步步為營，否則很可能被老虎吃掉。

成功細中取，富貴險中求

有一個詞彙叫做「膽商」，顧名思義就是有膽量、不怕冒風險。俗話說，「撐死膽大的，餓死膽小的」，想想還真是那麼回事，不怕做不到，就怕不敢做。人世間有好多事情，不是能不能、成不成的問題，而是敢不敢、做不做的問題。要想賺大錢，創大業，必須敢想敢為。不敢做，不去做，即使天上真的掉鈔票，恐怕也輪不到你。

不過話又說回來，光有膽量就行了嗎？當然不行，否則的話那些賭徒

們早就一個個地發達了。因為他們最有膽量，敢下注，想贏也敢輸，關鍵時刻甚至敢賭手賭腳賭老婆孩子……所以，冒險求財並不是賭博，不是碰運氣，專業術語那叫「風險管理」。真正的冒險行為，絕對不是頭腦一熱的產物；真正懂得生財之道的人雖然從不避風險，但是卻絕對不蠻幹。他們的膽量固然是贏得財富的前提，但最終贏得財富，絕對離不開一絲不苟的做事風格。這就是最大的賺錢能力 —— 膽大心細。

有這樣一個小笑話：

「做醫生，最要緊的就是膽大心細。」醫學院的老教授一邊做實驗，一邊教導他的學生們。

「請問老師，」一個學生問道：「什麼是膽大心細？請舉例說明。」

「就這樣。」教授說完，迅速將一隻手指伸進一杯尿液裡，然後把手指放進自己口中！

「你們每個人照做一遍。」教授把那杯尿液遞給身邊的學生。

學生們面面相覷，但沒辦法，只得按著教授的要求去做。

看著每個學生都忍著嘔吐，陸續把伸入尿液的手指塞進口中，教授搖搖頭說：「不錯，你們每個人都過了第一關，都夠膽大。但是你們不夠心細，沒有一個人注意到，我伸入尿液裡的是食指，但放進嘴裡的卻是中指啊！可惜啊，可惜！」

這個笑話告訴我們：成大事者不拘小節，但是必須注意細節。策略決定方向，細節決定成敗！專注於細節而忽略了方向固然不可取，但只關心方向而忽略細節，則會讓我們付出許多不必要的辛苦，甚至因小失大，讓長久的努力功虧一簣。

不難看出，成功的人正是靠著膽大心細，在商場中如魚得水，指點江山。反觀生活中的大多數人，他們做夢都在想有朝一日自己財源滾滾來，

成名成事。但大多數人終其一生，卻難以夢想成真。是他們努力不夠嗎？
其實不盡然。真正讓他們與成就無緣的，其實是他們的心情太急切了。他
們忘記了「天下大事，必做於細」的古訓。一心發大財、賺大錢、成大
事，使得他們無視甚至不屑於身邊的小事、細節，到最後千里長堤毀於蟻
穴，還不如那些腳踏實地、一步一腳印的人。永遠不要忘了，勇氣是生活
的必須，但它往往是盲目的，不可相信的，因為人們往往看不到隱藏在暗
中的危險和困難。魯莽、輕率是失敗的根源，做任何事情絕不能憑意氣用
事。唯有膽大心細，才是避免煩惱、災禍、失敗和恥辱的不二良方。

第 19 堂課
謹慎 —— 小心駛得萬年船

┃跑得快不如走得穩┃

有一句話說「有什麼樣的定位，就有什麼樣的人生」。大意是說想成為成功人士，首先需要為自己選擇一個明確、具體的較高目標，比如你想擁有多少金錢，擁有什麼樣的社會地位，取得什麼樣的成就等等。毫無疑問，永遠循規蹈矩、墨守成規的人不可能成為叱吒風雲的英雄，富貴必定要在險中求，而且風險越大收益也越大，但是冒險卻不能盲目，不能只看利益，不看風險，須知森林裡有木材不假，森林裡也有豺狼！

不要被眼前的銀子蒙蔽了眼，歷史上有命賺沒命花的人數不勝數，這裡講一個小故事：

有一個富翁想招聘一名司機，待遇優厚，應徵者雲集，最後有三個人殺出重圍，參加最後的角逐。富翁問他們：「假設你載著我去一處懸崖，下方是萬丈深淵，懸崖邊上是一堆黃金，你能把車開到距離懸崖邊多麼遠的地方？」第一個司機說：「我能在距離懸崖 1 米的地方停下來，保證您不受一點驚嚇，又能幫您取到金子。」第二個司機說：「我的技術沒問題，您是老闆，您讓我停在離懸崖多遠的地方，我就能停在離懸崖多遠的地方。」第三個司機說：「老實說，我並不知道憑我的車技，我可以把車停在離懸崖多遠的地方，但我根本不會往懸崖邊上開，因為對一個司機來說，安全最重要，離懸崖越遠越好！」結果，富翁錄取了第三個司機。

開得穩一點，這其實不是我們願意與否的事情，這是必須的。失敗的企業家數不勝數，如果你和你的公司只懂得飛速奔跑，卻沒有任何剎車裝置的話，一旦跌倒，或許就再無翻身的可能。

∥不許失敗，永遠不許失敗∥

「不成功，便成仁」、「破釜沉舟、背水一戰」……這些話似乎都是給決心創業者準備的。創業無退路，的確如此。但創業也不是加入敢死隊，不是不怕死就能成功的。每一件生意都有風險，無論做什麼生意，你首先應該考慮的是如何避免失敗，而非一門心思地只想著如何成功。

在這方面，華人首富李嘉誠的投資理念值得所有商人借鑑。

李嘉誠從 22 歲開始創業做生意，其間他從未遇過一年虧損，雖然歷經兩次石油危機、亞洲金融風暴，以及 2008 年的全球金融風暴，可是他的公司卻始終繁榮昌盛。有一次，香港某電臺邀請李嘉誠講述自己的成功經驗，李嘉誠語出驚人，說自己做生意以來從不失敗的祕訣就是「花 90% 的時間考慮失敗。」他說：「無論做什麼生意，你一定要先想到失敗，從前我們有句做生意的話叫『未買先想賣』，你還沒有買進來，就先想怎麼賣出去，你應該先想失敗會怎麼樣。因為成功的效果是 50% 還是 100% 並沒有那麼重要，但是如果一個小漏洞不及早修補，可能就會帶給公司極大的損害，所以當一個專案發生虧蝕問題時，即使所涉金額不大，我也會和有關部門商量解決問題，所付出的時間和以倍數計的精神都是遠遠超乎想像的。所以，預測風險這件事，永遠比思考成功要重要。一支機械手錶，只要其中一個齒輪有一點毛病，這個錶就會停。一家公司也是，一個機構只要有一個弱點，就可能失敗。」

巴菲特的投資理念則是直截了當型，他一生只恪守兩個原則：第一，不許失敗；第二，永遠不許失敗。其實這一原則也應該成為所有商業人士的底線。因為做生意（尤其是做大生意）就像攀岩一樣，你可以成功一千次，但也許一次的失敗就會要你的命！人們總是用「機不可失，失不再

來」強調機會的重要性，事實的確如此，但是在正常情況下，很多機會也絕對不會僅僅出現一次。手裡有資金，你想投資任何領域都可以。但是沒有資金，即使你能發現千載難逢的良機，也只能徒呼奈何。

　　人們常說，做人做事不能太絕，任何情況下都得給自己留條後路。對於一個商人來說，資金就是我們最理想的後路。資金在手，我們隨時都能複出商海，笑傲群雄。而沒有了資金的商人，雖說不至於末路窮途，但沒有資金卻想東山再起，其艱難程度可想而知。所以，那些妄想在商戰中一腳上岸、一步到位的心態，極不可取。因為商戰不是真的戰爭，不到萬不得已，切不可搞什麼置之死地而後生的破釜沉舟之舉。《莊子》中有一篇〈緯蕭得珠〉，說的正是這種做法的危害性。

　　古時候，某地一條大河邊，住著一戶以經營草織品為生的商販，他們每天把岸邊人家用篙草織成的草箱收購起來，運到城裡去賣，以此賺錢養家糊口，儘管做不大，但也能勉強維持一家老小的生計。有一天，商販的兒子緯蕭在河中游泳，偶然從河底撈得一顆價值不菲的龍珠。

　　一家人十分高興，緯蕭對父親說：你成年累月賣篙箱，縱然累斷筋骨也只能吃糠嚼菜，還不如到大河深處去撈龍珠，拿到市場去賣，必定發財！但商販不同意兒子的意見，並對兒子講了一則道理：做生意如同做其他事一樣，不能只見樹木不見森林，只看到暫時的利益而忽略潛在的危險。一分生意三分險，對每一種生意，我們既要考慮到賺錢的結果，也要考慮到賠錢的下場，即使在眼前效果十分誘人的情況下，也必須從壞處打算，掂量一下該不該冒這個風險。倘若覺得某一筆生意賺錢的可能性很大，而且一旦賠了，損失最多只占資金的一部分，那麼，這樣的風險可以冒一冒；反之，一旦失敗全盤皆輸的風險，則絕對不可冒。況且你所得到的那顆龍珠，長在大河深淵黑龍的嘴裡，你之所以能夠得到它，是因為黑

龍正在睡覺，龍珠不小心從嘴裡掉了出來。一旦再次下河撈珠，黑龍正愁找不著偷珠的對象呢，還不把你吞到肚子裡去？不僅撈不到珍珠，還會賠上性命，這樣的生意能做嗎？

當然，這只是一則寓言。但是它的內在意義的確不容忽視：在商戰中，從來就沒有「搏到盡頭」的可能，聰明的商人也從來都是既看到有利的一面，也估計到不利的一面。作為商品，那更是一種變數。今天賺錢的東西，說不定明天就賠，今天熱銷的產品，說不定明天就會變成滯銷，這就要求一個成功的商人，要有見識、有膽量，勇於拿主意、定政策、擔風險。但是千萬不能做那種一旦失敗就傾家蕩產、全家要飯的砸鍋生意。

防人之心不可無

有一則公益廣告說，「信任是一種美德」，在很多方面，這話都沒錯，但絕對不適用於商場。商場是沒有硝煙的戰場，講究的就是兵不厭詐，如果你天真到了以為這個世界沒有壞人，即使有壞人也騙不了自己的地步，那麼你已經離賠錢甚至賠個傾家蕩產不遠了。俗話說，小心駛得萬年船，行走在財富的江湖，我們有必要多長個心眼，凡事小心為妙。

不過我們用不著終日惶惶，因為富貴一定要在險中求，做生意就一定會有風險。我們需要明白的是，只要有利可圖，即使最值得信任的人也有可能出賣你。我們需要做好心理準備，同時做好相對的防範措施。唯有如此，我們才能在求財路上步步為營，才可以從容應對那些無良之徒的歪主意。

生活中的朋友也是如此。很多人都認為大家都是朋友了，怎能以小人之心度君子之腹呢？其實生意場中，根本就沒有永遠的朋友。即使你已經

成功地與對方做成了一筆生意，但這並不意味著下一次就有了保證。如果單純地認為已經成功地做成了一次生意，所以這次也會和上次一樣取得成功，從而輕信對方的話，你就無法在商場上預防厚黑。

有的人對信譽過於依賴。其實，信譽作為自己的事情，當然越牢固越好。但具體到和別人做每一筆生意時，信譽是不能完全依靠的。孫子兵法中說：兵不厭詐。懂得商場厚黑學的商人和高明的騙子都知道這個道理，很可能剛開始在你面前顯示的幾次信用，不過是誘你步向深淵的一個詐術。

《孫子兵法》中還說：「知己知彼，百戰不殆。」每個人，都不能忘記這一深刻的古訓。永遠對你的對手保持警惕和戒備。隨時隨地密切注視對手的情況，如果不把問題弄個水落石出，就倉促與對方簽合約做生意，無疑是在放任自己的失敗。

荀子在論人性時也說：「人之性惡，其善者偽也。」人性究竟是善還是惡，絕非三言兩語能夠說清楚，但是在現實生活中與人打交道時的確要謹慎小心，對別人不妨把他看得不好，考慮一些防患對策，預防萬一，否則待事情發展到糟糕程度時就為時已晚了。

第 20 堂課

節儉 —— 別拿小錢不當財富

省一塊錢等於賺一塊錢

　　省一塊錢等於賺一塊錢──這是台塑集團創辦人王永慶的名言。他說：「多爭取一塊錢的生意，也許要受外在環境的限制。但節省一塊錢，可以靠自己的努力。節省一塊錢，就等於淨賺一塊錢。」他還曾經說過：「賺一塊錢不叫賺錢，省一塊錢才是賺錢。」這話聽起來好像很沒道理，其實也不難理解，試想，如果賺的一塊錢被你用掉了，至少在財富狀況上，現在的你與沒有賺到這一塊錢時沒什麼區別。但如果省下了一塊錢，它就是你實實在在的資產。什麼時候想用，立即就能派上用場。所以說，省一塊錢才是賺錢。

　　王永慶的節儉在業內是出了名的，他的節儉簡直可以用「無微不至」來形容：吃飯，遵循「簡便」原則，最愛吃的是家常滷肉飯；吃菜，他在台塑頂樓開闢了一個菜園，母親去世前，他吃的基本上都是自己種的菜；穿衣，從不計較衣服的新舊及款式，一雙運動鞋總要穿上好幾年；喝咖啡，臺灣人喝咖啡時喜歡加入奶精球，王永慶每次都會用小勺舀一些咖啡將裝奶精球的容器洗一洗，再倒回咖啡杯中，一點都不浪費；洗澡，用的肥皂剩下一小片，還要黏在大塊肥皂上繼續使用；健身，每天做健身毛巾操，一條毛巾用了 27 年；辦公，台塑公司的一位職員花了 1,000 美元為王永慶的辦公室更換新地毯，結果惹得王永慶很不高興；名片，發名片一向每人一張，絕不浪費；外出，每回坐飛機一定是經濟艙；育兒，其女王雪紅曾向媒體透露，他們兄弟姐妹幾個在美國生活時非常不富裕，因為父親供給學費、生活費都算得很精準，就像管理手下企業般，總是給得「剛剛好」，不讓他們有一絲享受奢侈的機會。此外，王永慶和兒女們聯絡都是寫信，從不打長途電話，「因為覺得打電話太貴了」。王雪紅的母親廖

嬌在一次採訪中證實，那時候兒女們必須回信報告花了哪些錢，連買支牙膏也得寫上去！

曾經有一位有心人做過一個「十大吝嗇富豪排行榜」，位居榜首的人就是王永慶。那麼坐第二把交椅的富豪是誰呢？答案是超人李嘉誠。李嘉誠也從不關心自己的衣服和鞋子是什麼牌子，西裝穿個十年八年平平常常。皮鞋壞了，補好接著穿，他的皮鞋十雙有五雙是舊的。和許多成功人士一樣，李嘉誠也戴手錶，但他的手錶僅值 26 美元。

臺灣首富郭台銘喜歡講故事：有一個人去請教某富翁如何致富，富翁說：請您等一下，故事很長，我把電燈關了再說。郭台銘本人就是這樣一個富翁，為此他常被朋友取笑沒品味，但他說：我現在有什麼東西買不起？可是如果我真去搞品味，股東們就要擔心了。

在國外商界，類似的例子也不少。

微軟總裁比爾蓋茲，富甲全球，卻從不擺闊。坐飛機通常是經濟艙，午餐通常是在公司以漢堡包代替，衣著也不講究什麼名牌，而且他一向對打折商品非常感興趣，更沒有什麼私人飛機、豪華遊艇。有一次，他與一位朋友前往希爾頓飯店開會，由於遲到了幾分鐘，所以沒有停車位停車。朋友建議將車停在貴客車位，但他堅決不同意，甚至他的朋友說「錢可以由我來付」時，他還是不同意，原因非常簡單，貴客車位需要多付 12 美元。

宜家 IKEA 創始人英格瓦・坎普拉德（Feodor Ingvar Kamprad），其財富曾一度超過比爾蓋茲，他的儉樸也與比爾蓋茲有得一拚：座駕是一輛已經駕駛了 15 年的轎車，搭飛機出行總是坐經濟艙。他喜歡在下午價格比較便宜的時段去菜市場買菜，甚至有人經常看到他在當地的宜家特價賣場淘便宜貨。吃飯時，卡普拉德總是挑選最便宜的餐廳，有時還會為吃了一頓瑞典魚子心疼老半天。

股神巴菲特說過：「如果你想知道我為什麼能超過比爾蓋茲，我可以告訴你，是因為我花得少，這是對我節儉的一種獎賞。」巴菲特的第一個孩子出生時，他把妻子的梳妝檯抽屜改裝成了搖籃；第二個孩子出生時，他借了一個嬰兒床。有一次他在某飯店跟客戶簽合約，他打電話給一位朋友，讓朋友幫他帶 6 罐百事可樂過來，這樣他就不必為喝可樂而支付客房服務費！

對大多數人來說，上述富翁們的資產彷彿需要幾億年才能達到，而他們節儉的生活習慣似乎也離我們非常遙遠。很多人喜歡徹頭徹尾的鑽研他們的成功心得和投資理論，卻往往忽略甚至不屑於他們的節儉。殊不知，在你還沒有攢夠萬貫家財之前，節儉的生活習慣就等於存財富和成功。富翁們尚且如此，更何況我們呢？

‖ 從「以力賺錢」到「以錢賺錢」‖

李嘉誠有句名言：「30 歲以前要靠體力賺錢，30 歲以後要靠錢賺錢。」這句話說起來容易，做起來卻太難。生活中的大多數人，終其一生都無法跳脫用體力賺錢的悲哀。但這怪不得別人，因為這種悲哀是我們自己造成的 —— 由於不懂得勤儉節約，我們始終不能累積足夠的原始資本，以致「用錢賺錢」的計畫無限延長，最終破滅。所以，讓我們好好對待僅有的這點財富吧。養成節約的好習慣，善待手裡的每一分錢，也許不必等到30 歲，你就可以過上用錢賺錢的日子。

唐朝詩人李商隱有詩云「歷覽前賢國與家，成由勤儉敗由奢，常將有日思無日，莫待無時思有時。」崇尚儉樸、反對奢華，歷來是傳統美德。勤儉節約的習慣，不僅展現著一個人的生存哲學，也是享受富足、收穫幸福、贏得更大成功的關鍵。

　　很多人都說，機會總是眷顧有準備的人，那麼什麼叫有準備呢？資金的準備無疑是最關鍵的。試問，如果最初李嘉誠在機會到來時拿不出平時省吃儉用積蓄的 7,000 美元，他又怎麼創辦「長江塑膠廠」，又怎麼一步一步地打造自己的商業王國呢？汽車大王福特也深諳其道。

　　有一次，福特在一家飯店宴請幾位企業家，結完帳後，福特手持一張功能表走向服務生，微笑著說：「年輕人，你看看是不是有一點誤差。」

　　那個服務生很自信地回答：「沒有啊。」

　　「你再仔細算一算。」這時，福特宴請的幾位企業家已朝門口走去，他卻很有耐心地站在櫃檯前。

　　看著福特認真的樣子，服務生不得不重新把菜價算了一遍，然後不以為然地說：「是的，因為零錢準備得很少，我多收了您 50 美分，但我認為像您這樣富有的人是不會在意的。」

　　「恰恰相反，我非常在意。」福特堅決地糾正道。

　　服務生只得拉開抽屜，湊夠 50 美分，遞到一臉坦然的福特手中，並譏諷地說：「我若是你，就不會連 50 美分也這麼看重。」

　　「這我絕對相信，但這正是你無法成為我的原因。」福特微笑著說。

　　相對來說，洛克斐勒的故事更貼近我們的主題。

　　洛克斐勒 7 歲那年，在他家附近的樹林裡發現了一隻野雌火雞，經過一連幾日的追蹤，洛克斐勒不僅捕到了火雞，還得到了數十枚火雞蛋。勤勞儉樸的母親建議兒子把火雞蛋孵成小雞養大賣錢，洛克斐勒聽從了母親的建議，並且「雞生蛋 —— 蛋生雞」地循環往復了三年，共存了 50 美元。難能可貴的是，他把這些錢借給了附近的農夫，約定半年後收回 3 美元 50 美分的利息。很多人覺得這沒什麼了不起，但洛克斐勒後來說：「別小看 3 美元 50 美分，當時的我要用 10 天，每天 10 小時挖馬鈴薯才能賺

到這麼多錢，透過這件事，我懂得了錢是怎樣創造出利益的。從那時我就知道，我不應該為錢去工作，應該讓錢為我去效力才對。」

我們在前面提到過台塑創辦人王永慶的名言 —— 賺一塊錢不叫賺錢，省一塊錢才是賺錢，其實這並不是王永慶的專利，早在 18 世紀，英國經濟學家亞當‧史密斯（Adam Smith）就曾經說過：「資本增加的直接原因是節儉，不是勤勞。誠然，沒有節儉以前必須先有勤勞，節儉所積蓄的東西都是由勤勞得來。但如果只有勤勞，沒有節儉，有所得而無所留，資本則不能增加。」

亞當‧史密斯是近代最負盛名的經濟理論學家，王永慶則是當代最著名的經濟學的踐行者，二人在不同時期說出如此相同的話，這不得不令人深思。

更值得深思的是我們自己。很多朋友說起自己的生活時，往往用「起的比雞還早，睡得比狗還晚」來比喻，雖說有點粗俗，但也說明了創業者大多是勤奮的人這一現象。勤奮成就卓越，勤奮的人，同樣是工作，也往往比一般人賺得多些，但賺得多不等於存得多。很多人號稱月薪十萬，但每月除去花費，他們能剩下多少？一不小心，也許辛辛苦苦換來的只是一個名義上的高薪與空空如也的口袋。等到關鍵時刻，錢也拿不出來。也由於財富狀況不理想，借錢都沒人肯借，再好的財富計畫也只能暫時擱置。

其實，無論是李嘉誠、福特、洛克斐勒，還是占世界富豪比例 70% 的其他的白手起家的大富豪們，他們的起點都是從節儉開始的，他們能夠始終占據財富巔峰也是拜節儉所賜。節儉不僅是累積原始資本的必經途徑，節儉的習慣也是一個人能否掌握自己的命運的關鍵。因為力行節儉，就意味著這個人自我控制能力良好，不會淪為欲望的犧牲品。從這一點來說，節儉不僅適用於金錢問題，也適用於生活中的各方各面。

然而，許多人對節儉卻是不屑一顧的，許多人對節儉者都是嗤之以鼻的，尤其是心高氣傲、豪氣沖天的年輕人，他們往往把本應該用於發展事業的必備資本，用到抽菸、喝酒、娛樂場所等無聊的地方。如果他們能把這些不必要的花費節省下來，一定可以為將來發展事業奠定一個經濟基礎。但他們總是說什麼「會花錢才會賺錢，賺錢不就是消費的嘛」，結果花錢如流水一般，雖然收入頗豐，但卻總是脫不掉「負翁」的帽子。這些人似乎從不知道金錢對於未來事業的價值。他們胡亂花錢的目的就是想讓別人誇他們「闊氣」，或是讓別人感到他們很有錢。這實在是一種愚蠢至極的做法。殊不知耐不住暫時的寂寞，每月都做月光族，你就得無限期地在現有職位上奮鬥下去，以錢賺錢的目標只能被無限期地擱置，最後胎死腹中。

沒有省出來的富翁

有個年輕人站在某商場門口等女朋友，他身旁站的是一位穿戴體面的中年人。中年人正在抽雪茄。

「您的雪茄真香，不便宜吧？」青年和中年人搭訕著。

「嗯，哈瓦那的，兩美元一根。」

「好傢伙……那您一天得抽多少根？」

「10 根左右吧！」

「天啊，您抽了多久了？」

「十幾歲就開始抽了，大概有 40 年了！」

「什麼！您仔細算算，您要是不抽菸的話，那些錢就足夠買這家商場的了！」

「這麼說，您也抽菸？」中年人打量著青年。

「我才不抽呢？」

「那您買下這家商場了嗎？」

「瞧您說的，我哪裡買得起啊！」

「哦，不妨告訴你，這家商場就是我的。」

……

誰也不能質疑這個青年的商業頭腦。首先，他算帳快，眨眼功夫就算出了中年人 40 年時間抽了一家商場；其次，他懂得勤儉持家的道理，自己也從未抽過 2 美元一支的奢侈雪茄。然而，他的商業頭腦卻讓他無比尷尬，他不抽雪茄也沒存下錢，而中年人抽雪茄絲毫不影響自己賺錢。可見，對於理財來說，節儉固然重要，但不是根本出路。

在前面的章節中，我們沒少講述各大摳門富豪的節儉史，我們也應該學習他們精打細算、勤儉持家的優點，但任何事情都有個尺度，千萬不要鑽牛角尖，節儉也如此。商人們喜歡錙銖必較不假，但在生活上，類似於每天吸 10 支 2 美元一支的雪茄，並不是什麼罕見的現象，只要他的錢來得正當，也不用過多的指責。相反，我們應該反思一下，為什麼我們這省那省，到最後還不如那些揮霍無度的人？

美國成功學大師戴爾·卡內基說過：「只有極少數人懂得節儉的真正意義。真正的節儉並非吝嗇，而是經濟的、有效率的節省用度，並非一毛不拔，而是用度適當。」

何謂吝嗇？簡單地說就是摳門、小氣。吝嗇的人，一般都不懂人與人的感情。他們不懂得親情，不懂得友誼，不懂得同事間的感情。若是有的話，也要以金錢的標準去衡量。他們的處世原則就一條 —— 認錢不認人。即使是家人、伴侶也始終毫不含糊，「帳」總是算得清清楚楚的，為了金錢，有的人甚至達到了「六親不認」的程度。誠然，由於此類人的手

頭比較緊，他們往往能存下幾個小錢。但是由於認錢不認人，他們也只能守著幾個小錢過一輩子。有誰會喜歡一個認錢不認人的人呢？如果不是出於無奈，又有誰願意跟他們合作、跟他們打交道呢？這樣的人，怎麼可能成大事、賺大錢？

比爾蓋茲說過：「花錢就像炒菜放鹽一樣，必須恰到好處。鹽少了，淡而無味；鹽多了，苦鹹難咽。」言下之意就是說，炒菜必須放鹽，生活必須花錢，對於開創事業來說，那更是一分都不能少。

在很多西方作者的大作中，東方人往往被描述成「具有節儉的天賦」。沒錯，節儉是東方的優良傳統，但老百姓常說「花錢要花在刀口上」，世上沒有單純省出來的富翁，應該用錢的時候卻捨不得花錢，或者把一分錢存出汗來，那不叫節儉，那叫守財奴！

人們通常會習慣性地把吝嗇看成節儉的孿生兄弟，其實這是一個很大的謬誤。節儉的真正含義是：當用則用，當省則省；也就是說，花費要恰到好處。而吝嗇的含義是指當用時不用，不當省時也要省。

美國作家喬許‧比林斯（Josh Billings）說過：「有幾種節儉是不合適的，比如忍著痛苦強求節儉就是一個錯誤。我認識一個富人，他就成了一個節儉的奴隸。他老是為了節省 10 個美分而犧牲大好光陰，他常把半頁未曾寫過字的信紙留下來，並裁下信的背面，作為稿紙。他這種浪費寶貴的時間去節省細小東西的做法，其實是得不償失的。他甚至在做生意的時候，也有這種過度節省的吝嗇問題。他甚至對雇員們說，包裝產品時不論如何都要節約一些繩索，並把這一條作為公司的規定。即使他的員工由於這一條規定而浪費的時間遠遠超過了節約的繩索的價值，但那位富人仍然在所不惜。這樣的節省，其實是極度愚蠢的做法。」

清朝的道光皇帝大概就是這種人。還在當太子時，他就立志要節儉律

己。登基後，他更是一門心思地帶著大臣們節儉，在很多方面都達到了前無古人、後無來者的地步，比如他規定除了太后、皇帝、皇后以外，非節慶不得吃肉，嬪妃平時不得使用化妝品，不得穿錦繡的衣服。他在位 30年，很多衣服都打著補丁。大臣們為討好皇帝，紛紛效仿。有一天，道光發現軍機大臣曹文正的膝蓋上綴著補丁，就問他：「你打一個補丁得花多少錢？」曹文正回答：「需要三錢銀子。」道光聽了吃驚地說：「真是太便宜了，我打一個補丁要五兩銀子！」

但道光不是最蠢的人。生活中有些人為了節省一些小錢，竟然蠢到了不惜損壞自己的健康的地步。千萬不要效仿他們。要想獲得財富的青睞，必須注重節儉，但不管如何，千萬不要在與健康有關的方面節省，因為健康不僅是財富的基礎，也是生命的根本。

第 21 堂課
人才 —— 你身邊的金山

‖ 得人才者得天下 ‖

現代人常說，「人才是企業的根本」，「人才是第一生產力」，「企業的競爭就是人才的競爭」，等等，其實，古人早就意識到了人才的重要性。早在春秋戰國時期，得一士而國興，失一士而國亡的觀念就已經深入人心。

史料記載，有一次，齊景公問賢相晏嬰：「我想管理好國家，統治好百姓，應該怎麼辦呢？」晏子回答道：「關鍵的問題在於任賢用能，讓他們治理國家和百姓，百姓就能安居樂業，國家就能長治久安。」

縱觀古代史，可以發現歷代君王霸主雖說大多心口不一，滿口仁義道德，骨子卻把老百姓當牛作馬，但是對於招攬人才，歷代統治者或者有心做統治者的人，卻大都做得不遺餘力。原因無他，歷史上得一士而得天下，失一士而失天下的例子太多太多，由不得他們不深思、不重視。

來看一個經典的案例：

西元前 238 年，秦相呂不韋因嫪毐叛亂一事受了牽連，被秦王嬴政免除相國職務，他的三千門客這時樹倒猢猻散，其中有一個名叫司空馬的人到了趙國，趙王讓他做了代理相國。不久，秦國發兵攻打趙國。趙王趕緊召開緊急軍事會議，司空馬在會上發言說：「文信侯（呂不韋）在秦國做相國時，我做過他的尚書，熟悉秦國的情況。現在我也要了解一下趙國的情況。請問大王，趙國與秦國比，哪一個更強大呢？」趙王說：「當然是秦國。」接著司空馬又從人力、物力、財力、政治、軍事等方面一一問趙王哪國更強，趙王一一回答說是秦國更強。司空馬便總結道：「看來趙國在許多方面都不如秦國，不是我悲觀，趙國恐怕就要滅亡了。」趙王說：「你說的是實話，足見您對趙國沒有二心，但我希望您竭盡所能，助我一

臂之力，只要能令趙國擺脫困境，我願意接受您的計謀。」司空馬說：「辦法只有一個：大王不妨獻一半的土地去賄賂秦國，秦國不動刀槍就能得到這麼多土地肯定十分高興，再加上秦國在進攻的同時也在擔心趙國內有守備，外有諸侯救援，所以必然會見好就收，立即退兵。趙國雖然失去了一半的土地，但暫時還能存在下去。而秦國得了半個趙國就會更加強盛，諸侯各國自然會因此擔心害怕。他們感到害怕就會聯合起來共同對付秦國。到那時，秦國再強也不能以一敵六。這樣一來，趙國在名義上失去了半個趙國，實際上卻得到了其他六國的支持……」

「這可不行！」還沒等司空馬說完，趙王就急了：「前不久秦國攻趙，趙國獻上河間十二縣賄賂它，本指望忍辱偷生，沒想到秦國得了土地實力更強，退兵不久就又來了，如今又要割讓半個趙國去增強秦國的勢力，趙國更沒指望了。您看還有沒有別的辦法？」

司空馬說：「別的辦法暫時沒有。不過，大王要是肯讓我帶領全國的趙軍抗擊秦國，還可以從長計議。」趙王因為知道司空馬從未帶兵打過仗，因此不同意。司空馬只好說：「既然大王既不用我的計，也不用我的人，那就讓我離去吧！」

不久，司空馬離開趙國，路過平原津時，當地縣令郭遺聽說後專程來拜訪司空馬，問道：「聽說秦軍正在攻打趙國，您從趙國而來，趙國的情況怎麼樣呢？」司空馬講了他為趙王獻計而趙王不採用的過程，並預言趙國不久就要滅亡。平原令又問：「依你看趙國什麼時候滅亡？」司空馬說：「如果趙國以武安君李牧為將，還能支撐一年。這倒不是說李牧打不過秦國，而是說趙國的國力支撐不了多久了。如果趙國殺了武安君白起，最多半年就會滅亡。而在我們看來，武安君白起又非死不可：趙王有個大臣叫韓倉，專會拍馬屁，趙王很寵信他，韓倉又十分嫉賢妒能，尤其嫉

妒、排斥李牧，如今國家處於危亡之中，趙王一定會聽從韓倉的話，殺掉武安君白起。」

果然不出司空馬所料，不久韓倉便讒毀武安君白起，並假趙王之名逼死了李牧。李牧死後五個月，趙國就滅亡了。平原令聽說後，見人就感嘆：「司空馬真是太有先見之明了！」

趙國因為不用司空馬、錯殺李牧結果亡了國，趙國之所以滅亡，不是沒有賢明的人，而是因為有賢明的人不能被任用。不用賢人，國必亡；不用賢人，反用庸人，國亡的更快。人才的作用就是這麼大。

經營企業雖不能等同於經營國家，但道理殊途同歸。資本、設備、員工是企業的三要素，但其中最主要的因素還是員工，尤其是人才。不管你有多少資本，怎麼用還得由人來決定。不管你的設備多麼先進，終究還得靠人來操作。不管你的企業生產什麼、銷售什麼，最終都需要人來完成。沒有人，一切都是空談。

曾經有人問過比爾蓋茲：「如果讓你離開微軟，你還能東山再起嗎？」蓋茲堅定地回答：「能」。但他接著補充了一句話：「只要允許我帶走100個人……」他沒說要設備，也沒說要資金，只說要100個人。因為他知道，只要擁有了優秀的員工隊伍，就能不斷整合社會資源，獲取先進技術，製造高品質的產品，占領市場並源源不斷地獲取利潤。

最後我們不妨歪解一下企業的「企」字 —— 上面一個『人』字，下面一個『止』字 —— 企業必須注重「人」才，否則就會到此為「止」！

‖ 讓合適的人做適合的事 ‖

　　西方傳說中，神在創造出所有動物後，將牠們放在天堂裡關了 3 年。期間，神給所有動物劃分了各自的職責範圍。除了貓和老虎，其餘的動物都對職責劃分沒有異議，愉快地到地球上去了。

　　「我憑什麼只能天天抓老鼠吃，」貓揚著爪子對神說，「瞧我這爪子，絲毫不比老虎的差，還有我這牙齒，也夠尖利的，我要到森林裡去，像老虎那樣，吃各種野味，那可比吃老鼠好多了，老鼠不僅毛多肉少個頭小，還不衛生。」

　　老虎也意見不小：「憑什麼我得天天風吹雨打，我長得和貓一個樣，牠一年四季生活在人類的屋子中，太陽晒不著雨淋不著。我要求和貓換換。」

　　神笑了，說：「你們認真看看各自的任職條件吧！」

　　「我已經看了，不過，我認為我和貓沒什麼差別。」老虎說。

　　「我也看了，我也認為自己絲毫不比老虎差。」貓說。

　　「有一個最大的差別，你們忽視了。老虎個頭大，力氣大，可以制服諸多動物，能夠吃到各種野味，在野外生存沒問題。而貓呢，雖然也是尖牙利爪，可個頭小，到野外是難以生存的。」神說。

　　貓想了想，覺得有道理。

　　老虎卻高興了：「那我和貓都生活在人類的屋子中吧，我對野味沒有興趣！」

　　上帝再次笑了：「你以為你在人類的屋子中能夠生存下去嗎？姑且不論你這脾氣是否能夠和人類相處得好，只說你這個頭就不行。老鼠居住在哪裡？在牠們的洞中。牠們出沒的地方，也是一些陰暗角落。你這個頭，哪鑽得進那些角落？如果硬要鑽進去，也只會把主人家的東西掀得東倒西

歪,我想啊,到時你還沒有抓著老鼠,頭已經被家具啦、書櫃啦碰爛了。你還是去你的森林裡吧。」

神安排老虎去森林裡,安排貓到人類的家中,恰恰展現了「把合適的人才放在合適的位置」的管理思想。德國巴伐利亞市電纜廠總裁艾略特‧道格拉斯(Douglas Elliot)說過:「每一位員工都是人才!」在一家企業裡,人人都是人才,企業需要高級工程師等「虎才」,也需要生產線工人等「貓才」,管理的要義首先在於辨別人才是「貓才」,還是「虎才」,然後是貓就去人類的家中,是虎就去森林裡。既不能大材小用,也不能小材大用。

清代顧嗣協有首《雜興》詩:「駿馬能歷險,犁田不如牛。堅車能載重,渡河不如舟。舍長就其短,智者難為謀。生才貴運用,慎勿多苛求。」這首詩也是在告訴我們,在企業經營管理的過程中,要想獲得最大的經濟效益,管理者必須做到人盡其才、物盡其用。

諸葛亮揮淚斬馬謖的故事盡人皆知。說到馬謖,很多人都覺得他不過是紙上談兵,沒什麼真本事。其實不然,事實證明,紙上談兵也不是一般人談得了的。況且史書上說,馬謖才氣過人,好談論軍事,諸葛亮有時都說不過他,因此諸葛亮非常器重馬謖在軍事謀略方面的才能,常常跟他從白天談到深夜。想想吧,能和諸葛亮這樣的三國第一智者談得很投機,並讓諸葛亮能將劉備說過的話(馬謖此人言過其實,不可重用)置若罔聞的人物,即使不是萬裡挑一的人才,至少也具備相當的水準。

史書還記載,諸葛亮南征七擒孟獲時,馬謖曾獻計:「南中恃其險遠,不服久矣,雖今日破之,明日復反耳。今公方傾國北伐以事強賊。彼知官勢內虛,其叛亦速。若殄盡遺類以除後患,既非仁者之情,且又不可倉卒也。夫用兵之道,攻心為上,攻城為下,心戰為上,兵戰為下,原公

服其心而已。」按現代的話說，馬謖提出了正確的民族政策，具有相當高的策略眼光。諸葛亮採用了馬謖的主張，「赦孟獲以服南方。故終亮之世，南方不敢復反。」從這個角度看，諸葛亮對其信任和器重是有一定道理的。再者，我們從馬謖被殺後「十萬之眾為之垂涕」這一事實也可以看出，馬謖在蜀漢軍隊中還是頗有聲望的。蔣琬也對諸葛亮說：「昔楚殺得臣，然後文公喜可知也。天下未定而戮智計之士，豈不惜乎！」

總之，馬謖是個人才，甚至是一個不可多得的人才。也正是因為他是個人才，建興六年（西元 228 年）諸葛亮一出祁山前，才捨棄名將魏延、吳懿不用，反用馬謖鎮守街亭，結果馬謖辜負了他，不在水邊紮營，而到山上安寨，行動失當，終於被魏軍擊敗，自己也因此一命嗚呼。馬謖不聽軍令，兵敗被殺當然是罪有應得，但他的死究竟是由誰造成的呢？答案是諸葛亮。馬謖是人才不假，但他長於軍事謀略而缺乏現場指揮的經驗，而諸葛亮沒有正確的掌握人才的局限性和使用人才的方向性，以至於到最後事與願違，不得不來個揮淚斬馬謖。諸葛亮的眼淚，與其說是為自己最信任的部下做錯事情而沒有達到自己的願望流下的，還不如說或許是意識到了自己對馬謖的認識不夠、使用不當而痛心疾首，是為自己間接害了馬謖而自責！

古代戰爭是這樣，企業家管理企業更應該是人盡其才，讓合適之人做合適之事。因為一個企業與強大的國家相比起來，更禁不起折騰，一旦在人才管理上出現閃失，就會給企業造成災難性的後果，甚至物盡人散，破產倒閉。

如何才能做到人盡其才呢？首先是識才。每個人能力特點不同，所能從事的工作也就不同。只有當其特點與工作相匹配時，才能充分發揮其能力及潛能，才能真正做到人盡其才。而如何才能明確地鑒別出不同人才之

間的差別，找出其特點呢？筆者認為，可根據人的不同性格，從以下幾方面入手：一是外向型的人才，這樣的人才善於社交、言談，適合於做外事方面的工作；二是隨和型的人才，這樣的人才能和他人愉快合作，給人信任的感覺，適合做協調方面的工作；三是責任心強的人才，這樣的人才具有強烈的責任感，可靠性強，適合單獨負責一個專案，委以重任；四是自律性強的人才，這樣的人不以物喜，不以己悲，能夠冷靜處事，善於分析判斷，是統攬全面的決策者；五是開放型人才，這樣的人聰明、敏銳，適合做開拓創新的工作。

┃ 要人才，還是要錢財 ┃

人才是企業發展的基石。誰擁有了人才，誰就掌握了主動權，占據了競爭的制高點。應該說，當今社會，不知道這一點的老闆好像沒幾個，但為什麼有那麼多老闆，總是一天到晚的為人才煩惱呢？其實，這不過是一個要人才，還是要錢財的簡單問題。

人才是什麼？人才不是菜市場的馬鈴薯、大蘿蔔，要多少有多少，人才是有技能、有智慧，而且是有相當技能、智慧的人，有人才你就能賺錢，多賺錢，沒人才你就只能賺小錢，甚至賠錢。但在考慮利用人才賺錢的同時，你有沒有想過，人才也是需要賺錢的，人才往往也是錢堆出來的，人家「吃得苦中苦」，又花了大把學費，最終成為了人才，賺得卻與一般員工相差無幾，他若肯伺候你，那就不叫人才，而是蠢才了！

有很多還未得道的企業家，他們總是抱怨員工沒良心，自己費盡心思培養了半天，到最後卻把他培養到了競爭對手那裡。必須承認，此類小人到處都是，但我們也應意識到，並非跳槽者都是小人。任何一個有理想的

人，都會不斷地尋求更好的發展，自由社會的優越性，就是允許並鼓勵人們充分發展自己，能否留住人才，很大程度上在於你個人和你的企業的魅力，不能用所謂的「忠誠」，來簡單地衡量一個人的職業道德水準。

人才需要什麼？人才需要與人才相符的利益，需要相匹配的空間或地位。

我們都聽說過蕭何月下追韓信的故事。韓信生於亂世，先跟項梁，未得重用，再隨項羽，仍未獲施展。於是他轉投劉邦，初次見面，韓信這樣描述自己的前任老闆項羽：「請言項王之為人也。項王暗噁叱咤，千人皆廢；然不能任屬賢將，此特匹夫之勇耳。項王見人恭敬慈愛，言語嘔嘔，人有疾病，涕泣分食飲；至使人有功，當封爵者，印刓敝，忍不能予，此所謂婦人之仁也。」這段話翻譯成白話文就是：劉老闆，讓我告訴你項羽是個什麼樣的人吧。他個人能力非常強，但他不具備團隊精神，勇則勇矣，但卻是匹夫之勇。平時見到員工們，他總是一臉慈祥，笑呵呵地，員工有個頭疼腦熱的，他一定會在第一時間噓寒問暖，流著淚把自己的營養品分給員工補身子。但是到了年底，哪怕公司賺了一座金山，他也捨不得拿出一兩金子來。有一回他想提拔一個員工作總經理，可直到他把那印章上的字都快摩擦平了，還捨不得給人家……」

同樣在項羽手下效過力，後來轉投了劉邦的陳平也說過：「項王為人恭敬愛人，士之廉節好禮者多歸之；至於立功爵邑重之，士亦以此不附。」原先自己帶過起義隊伍、後來被項羽逼得投奔了劉邦的王陵，則把項羽與劉邦作了個比較：「陛下慢而侮人，項羽仁而愛人……（羽）嫉賢妒能，有功者害之，賢者疑之。」意思是說，陛下您是個粗人，喜歡罵人，項羽比較斯文，但他嫉賢妒能，員工拉來訂單他總是收歸己有，誰找他要抽成他就開除誰……」

　　遺憾的是，劉邦雖然對韓信和陳平的說法表示贊同，但一開始，依然沒有重用二人。韓信剛投劉邦時，做的也不過是個管理倉庫的小官，不僅依然不被人所知，還犯了死罪，好在韓信鬼頭刀臨頭之前叫了一句「上不欲就天下乎？何為斬壯士！」不僅死罪被免，還升到了管理糧餉的官。但這離韓信的抱負差得太遠，幸虧蕭何知道他是個不可多得的人才，不僅把他追了回來，還費盡九牛二虎之力說服了劉邦，韓信才得以坐上了直升機，直接升任主帥，此後他為劉邦左殺右擋，為漢朝立下了汗馬功勞，人稱「功高無二，略不世出」。

　　再說陳平，那麼大的本事和抱負，在魏王咎那裡只能做個太僕，專管皇帝的車輛和馬匹，還不如孫悟空的「弼馬溫」；項羽雖然給了個不大不小的官，但一不高興就要殺人，陳平不跑豈不成了傻瓜？跑到劉邦處，經過交談，劉邦覺得他很有謀略，便任命他為都尉。但劉邦的大將周勃和灌嬰聽說後，對劉邦重用陳平感到不滿，他們便在劉邦面前說陳平的壞話，說他素來品行不端，欺兄盜嫂，虛有其表，也無忠心，而且剛來不久就接受賄賂。劉邦便把陳平召來，說：「聽說先生剛剛上任就接受賄賂，廉潔正直的人也不會如此吧？」陳平一聽，坦率地回答：「聽說您重視賢才，任賢使能，所以我才來投奔。離開項羽時，我把他賞賜的錢財全部送還了他，現在我兩手空空，不接受別人的錢財就無法生活，這難道是我的錯嗎？如果大王認為我有可取之處，就把我留下。如果大王聽信別人的傳言，請大王准許我回家。那些錢財還未用掉，我原封交回好了。」劉邦聽後，趕緊向陳平道歉，並拜他為護軍中尉，專門負責監督和考察大小將官，當然也給了一定的辦公費用供他使用。表面看來，陳平的話像是在狡辯，但事情若真的像陳平所說，「我兩手空空，不接受別人的錢財就無法生活」，那就真的是身為領導者的劉邦的失職。人才在你手底下都無法生

活了，你還能指望他什麼？從劉邦趕緊向陳平道歉一事看來，至少劉邦是認可這種說法的。

　　說這麼多，無非是想告訴大家：人才需要發展空間，人才需要錢財。把本該屬於人才的那一塊蛋糕在第一時間「賞」給他們，你讓他們走，他們也捨不得走。

第 22 堂課
管理 —— 企業永恆的主題

▎你不是一個人▎

　　戴爾上大學時就開始了創業，由於他養成了晚睡晚起的習慣，也由於他掌握著公司裡唯一的大門鑰匙，所以每當他睡過了頭，匆匆忙忙趕到公司附近時，遠遠地就能看到二三十個員工在公司門口閒晃，等著他開門。

　　日復一日，戴爾公司很少在九點半以前準時開門。後來逐漸有點提前，但從來沒有早過早上九點。等公司做出早八點上班的決定之後，戴爾便明智地把公司大門的鑰匙交給了一位員工來掌管。

　　但公司發展迅速，快得驚人，越做越大，應該交出去的鑰匙顯然不只是公司大門這一把。

　　有一天，戴爾正在辦公室忙著解決複雜的系統問題，有個員工走進來，抱怨說：「真倒楣，我的硬幣被可樂的自動販賣機『吃』掉了。」

　　戴爾忙得頭都沒抬，不解的問：「這種事為什麼要告訴我？」

　　員工理直氣壯地說：「因為販賣機的鑰匙是由你保管的啊！」

　　那一刻，戴爾明白了，自動販賣機的鑰匙也應該立刻交給別人保管了 —— 一切應該交給別人保管的鑰匙，都應該立刻交給別人保管了！

　　從戴爾交鑰匙的故事，聯想到了那個著名的授權定律：「上層授權面應占分內工作的 60%～ 85%，中層授權面應占分內工作的 50%～ 75%，基層授權面應占分內工作的 35%～ 50%。」授權是分身術，用賢乃成事訣。做主管一定要懂得放權，那些事必躬親的主管，通常是自己勞累不堪，身心疲憊，而公司業績卻不見明顯好轉。而那些適時放權的主管，企業的規模會越來越大，效益會越來越好。因此，只有善於交「鑰匙」的主管，才能讓員工各盡其才，只有放下手裡的「小籃子」，才能騰出手來掌管「大江山」。

　　遺憾的是，在很多公司，我們卻經常看到這樣的情景：老闆忙得大汗淋漓，把腿都跑累了，而員工們卻在一邊悠哉遊哉，真不知道到底誰是老闆？記住：你不是一個人！你還請了一大群員工！要想辦法讓員工為你忙碌，而不是自己忙得團團轉。一個聰明的管理者，應該懂得如何正確地發揮下屬的才智、利用下屬的力量，而不是管這管那、事必躬親、把一切事情都攬在自己身上。如果主管過得比員工還辛苦，那麼這主管不當也罷。當然，快樂逍遙不等於怠忽職守。事實證明，很多大生意都是在高爾夫球場談成的。管理者首先要知道，什麼是自己該做的，什麼又是下屬該做的。

　　歷史上有個「韓信點兵，多多益善」的典故：

　　漢高祖劉邦建立西漢後，有一天，閒來無事，與韓信討論起了各自的軍事才能。劉邦問：「你看我能帶多少兵？」

　　韓信也沒多想，張嘴就說：「也就十萬吧！」

　　劉邦聽了，心裡有三分不悅，心說：你竟敢小看我！「那你呢？」

　　韓信不無得意地說：「我呀，那當然是多多益善囉！」

　　劉邦心中又添了三分不高興，於是沉著臉問：「既然將軍這麼有本事，怎麼還在我的手下打工呢？」

　　韓信這時明白，趕緊說：「陛下雖不善於指揮兵，卻善於駕馭大將。」

　　劉邦聽了轉怒為喜。

　　劉邦之所以轉怒為喜，就在於韓信的話說到了他的心坎上。實際上，這話是劉邦自己說的：「運籌帷幄之中，決勝千里之外，我不如張良；鎮守國家，安撫百姓，不絕糧道，我不如蕭何；帶領百萬之軍，戰無不勝，攻無不克，我不如韓信。此三者，皆人傑也，吾能用之，此吾所以取天下也。」

　　後人根據這個典故，往往把人才分為「將才」和「帥才」兩個層次。何謂將才？將才可以率領戰士衝鋒陷陣，進則能勝，退則有序，謀則有道。何謂帥才？帥才可以統御眾將，指揮群雄，胸懷全面，深謀遠慮。打個不太恰當的比方，將才就好比象棋中的車、馬、炮，威力雖強，但終究是個棋子，該拚時得拚，該捨時得捨，怎麼用它們，還是「老將」說了算。而「老將」本人卻總是穩坐中軍帳，頂多在自己的城裡挪動挪動。為什麼？因為「老將」動個不停，多半是因為對方將個不停，往往意味著這盤棋已經非常危險了。同樣的道理，企業中的老闆就好比象棋中的「老將」，自己動個不停，手下的車、馬、炮卻紋絲不動，不把企業拖垮，也得把老闆累死。

┃管理無情人有情┃

　　管理學中有一個「梅考克法則」，它的提出者西洛斯‧梅考克（Cyrus McCormick）不僅是美國國際農機公司的創始人，還是世界上第一臺收割機的發明人。所謂「梅考克法則」，簡單來說就是在管理過程中，既要堅持制度的嚴肅性，又不傷工人的感情。

　　有一次，一個老員工嚴重違反了工作制度，按規定他應該受到開除的處分。決定發布後，那個老員工當即火冒三丈，他找到梅考克，說：「當年公司債務累累時，我與你患難與共，3 個月不拿薪資也毫無怨言，而今犯了這點錯就把老子開除，你真是一點情分也不講！」

　　梅考克平靜地對他說：「你知不知道這是公司？是個有規範的地方？這不是我們兩個人的私事，我只能按規定做事，不能有一點例外。」

　　但幾天後，梅考克了解到，這個老員工之所以違規，其實是他的妻子

去世了，兩個孩子不僅嗷嗷待哺，而且其中一個還跌殘了一條腿，老員工由於極度痛苦，借酒消愁，才誤了上班……當天，梅考克就找到那位老員工，誠懇地說：「我真糊塗，現在你什麼都不要想，趕緊料理好老婆的後事，照顧好孩子們。你說過，我們是患難與共的好朋友，所以你放寬心，我不會讓你走上絕路的。」說完，他從皮包裡掏出一疊鈔票，塞到老員工手裡。

老員工喜出望外，說：「你是想撤銷開除我的命令嗎？」

「你希望我這樣做嗎？」梅考克親切地問。

「不，我不希望你為我破壞了規矩。」

「對，這才是我的好朋友，你放心地回去吧，我會適當安排的。」事後，這個老工人被安排到梅考克的一家牧場當管家。

梅考克有一句名言：管理就是嚴肅的愛。所謂「嚴肅的愛」，說白了就是在管住人的基礎上，理順管理者與被管理者的對應關係，使企業內部達到和諧統一的境界。管理是一門藝術，你可以把員工們「管」得規規矩矩、「理」得筆筆直直，但你如果不懂得人情味，就可能把人的可塑性和創造力給泯滅。這也人性管理的根本原因所在。

管理的要素是什麼呢？當然是「理」，也即條理、道理和事理，概括起來說就是兩個字 —— 制度，但制度都是人定的，如果你想把一個企業做大做強，那你就必須用制度說話，讓制度為你堵住很多漏洞；但另一方面，制度同樣可以把一個企業搞垮搞死。

這麼說是不是有點矛盾呢？一點都不。

企業必須有制度，制度是管理的有效工具。制度無所謂好與壞，沒有正確與錯誤的區別，只有適合與不適合的區別。管理者就是要掌握住制度的尺度，把制度落實到具體的人和事上，有效地執行各項制度。

其實，管理者是用來填補制度空隙的。任何制度就其本身來說都不可能完善，管理者的作用就是讓它完善。制度是剛性的，管理者是柔性的；制度是木板，管理者是填補木板縫隙的強力膠。兩者相互配合，才能發揮制度和管理者最大效果，求得最完美的結果。從這個角度上來看，制度太多是管理者無能的表現。

過度依賴制度，動不動就上綱上線，還容易讓人們產生排斥感，進而想辦法鑽制度的漏洞。他們會說：「不是我不想做，也不是做不了，只是公司沒規定我做，我不敢做啊！萬一做不好豈不是給主管添麻煩？」所以管理者不能執迷於制度。

所謂「軍法無情」，制度的產生，就意味著它必然是冷冰冰的。而公司請管理者，就是用來協調制度不足的，就是要在無情的制度上灑上一些溫情，這樣才能展現出管理者的價值，有效地推動公司各項工作的順利進行。

「軍法無情人有情」，這句話就是為華人企業量身打造的。對於華人企業來說，並不是所有東西都必須制度化、理性化就好，華人是講人情味的，華人企業也需要剛柔並濟，在理性中多一些感性，在制度中多一些人情關懷。這同樣是對公司老闆的考驗，你能否管理好不同階段的員工，直接決定了你的公司能否長久立足。管理是一門藝術，同樣也是一門學問，對公司老闆來說，迫切需要學習的是：如何與員工打成一片，然後和他們一起成長。

然而，人性化管理絕不是「打成一片」那麼簡單。人性是極為複雜的，任何一個人的人性都有兩面性，既有「善」的一面，又有「惡」的一面。企業內外無規矩不成方圓，行之有效的制度才是企業發展的源動力，而人性化應該成為一種企業管理制度的潤滑劑。泰羅制式的「管、

「卡、壓」管理並不完全錯——因為沒有紀律、沒有約束、沒有懲罰，就會沒有管理，也沒有效率。列寧（Vladimir Lenin）當年正是從一分為二的角度肯定了泰羅制中合理的內容。教育專家強調「沒有懲罰就沒有教育」，我們則說「沒有懲罰就沒有管理」。在實行人性化管理過程中，我們千萬不可偏廢「罰」的力量，至少也要做到恩威並重。

偉大者在於管理自己

就像所有的將軍都希望手下有一支指哪裡打哪裡的軍隊一樣，所有的企業主管也無不希望擁有一支高素養的員工隊伍。但是反過來想想，員工們其實也希望自己的老闆能像個老闆。身為主管，你自己都做不到或不願做，你又憑什麼要求員工執行自己的規則呢？扛大旗的都溜之大吉了，小卒們還會傻乎乎地在戰場上賣命嗎？這正如著名管理學家帕瑞克所說的「除非你能管理『自我』，否則你不能管理任何人或任何東西」。

很多人羨慕世界首富比爾蓋茲的財富，卻對他取得財富的過程漠不關心。曾經有員工這樣評價比爾蓋茲：「他不但是個工作狂，而且要求很嚴格，如果部下認為辦不到的事，他會自己拿回去做，且迅速而準確地做到幾乎完美的地步，讓大家佩服得沒有話說。在他手下工作，如果沒有真本事，還真難做。」的確，也正是在蓋茲的帶動下，微軟的員工們才能在「工作第一，以公司為家」的氛圍中，以一種「日也操勞、夜也操勞」的工作方式毫無怨言地努力工作。他們厭惡好逸惡勞的人，尤其對那些沒有什麼才能的人更是一點都不客氣。他們經常沒日沒夜地工作，甚至一連幾天不休息，並樂此不疲。

我們再來看一下美國人李·艾科卡（Lee Iacocca）的故事：

　　艾科卡就任美國克萊斯勒（Chrysler）公司經理時，公司已經處於一盤散沙的狀態。艾科卡決定動員全體員工振興公司，於是他主動把自己的年薪由 100 萬美元降到 1,000 美元。榜樣的力量是無窮的，很多員工為此感動得流淚，流淚之餘他們也都像艾科卡一樣，不計報酬，團結一致，自覺為公司勤奮工作。不到半年，克萊斯勒公司就發展成了擁有億萬資產的跨國公司。

　　這個故事告訴我們：一個公司處在困境中時，老闆和管理人員首先要挺住，要身先士卒，做好榜樣，帶給下屬自信與保障。如果管理者自己先亂了陣腳，手足無措，下屬能不打退堂鼓嗎？

　　身先士卒的例子，歷史上和生活中都不鮮見，然而時至今日，很多管理人員卻把身先士卒的精神發揮得變了形，走了味。在各種組織中，凡是有名有利的事，如購物、如採購、如招待，大到幾十上百萬元的專案，中到會議、餐宿費，小到筆墨紙硯，等等等等，長官們總是身先士卒，身體力行，廢寢忘食，累死也心甘。可一旦到了關鍵時刻，需要加一下班了，需要流一把汗了，長官們卻好像突然蒸發了一樣，連個人影也找不著，只剩下幾個有名無實的所謂的管理人員，帶著大家一邊做工作，一邊罵娘。長此以往，別說讓士卒們衝鋒陷陣，大家不臨陣倒戈就阿彌陀佛了。

　　綜合以上，振臂一呼，應者雲集的領導能力絕不是一個主管職位就能賦予的，沒有追隨者的主管，剩下的只是職權威懾的空殼。孔子能夠讓學生一輩子追隨，釋迦牟尼能夠讓眾生頂禮膜拜，根本原因就在於他們都具備令人無法抗拒的人格魅力。如果你的人格魅力實在太低，那就不要怪員工們有樣學樣了。記住：想把你的企業經營好，先把你的人品修練好。

第 23 堂課

愛心 —— 愛心就是生產力

▌關心錢，還是關心人▐

《論語》中有一個「不問馬」的典故：有一天，孔子家的馬廄發生了火災，損失嚴重，孔子回家後得知此事，對此第一反應是先問傷人了沒有，而沒有先問馬的情況。

有人認為，這是「聖人」的境界。我卻以為，這並不是什麼「仁者情懷」，而是每一個尚有些人情味的人都應該做到的。不信試問：當妻子遭遇劫匪，丈夫是應該關心錢財的安全，還是妻子的安全呢？

關心人，還是關心馬？關心人，還是關心錢？這些問題看似不用回答，但卻是普遍的社會問題。「先做朋友，後做生意」，很多人嘴上說的漂亮，但關鍵時刻，他們真正關心的永遠都是朋友的錢。

「世事洞明皆學問，人情練達即文章」，何為「人情練達」？簡單來說就是懂事理，通曉人情世故。在以往，人們往往把「人情練達」與做人做事圓滑相連繫，其實不然，「人情練達」必須得以「人情」為基礎，講人情的人，處事容易，人緣好，路子寬，有時甚至能一呼百應，無論順境逆境，都不至於太失敗。而不食人間煙火，冷面無情，甚至乾脆除了錢六親不認的人，其道路也只能是越走越窄，越走越坎坷。

是世界上最重感情的民族。對於冷血無情的人，人們歷來深惡痛絕，甚至稱其為「禽獸」或「畜生」，其實這是冤枉了動物們。動物都講感情，母狗生了孩子，你想抱走一隻小狗，牠的叫聲比誰都慘；老虎雖然凶惡，但「虎毒不食子」；有些動物還懂得贍養雙親，如烏鴉……人，作為萬物之靈，當然更不能不講人情。

與此相對的是以美國為代表的西方世界。我有一位在美國生活了十幾年的朋友，他曾經直言不諱地說：「反正我不喜歡美國，沒人氣，也沒人

情。」不過說歸說，他至今還沒有完全回國。畢竟對於他，目前在美國賺錢好賺些。我也曾經問過他關心錢和關心人的問題，他的回答是：該關心錢的時候關心錢，該關心人的時候關心人。

何為「該關心人的時候」呢？很簡單──別人需要幫助的時候。人情這個東西，說白了也就是你幫我，我幫你。何為「該關心錢的時候」？應該說，身為商人，肯定何時何地都應該關心錢，但關心錢與關心人並不抵觸。美國鋼鐵大王安德魯・卡內基說過：「如果你擁有某種權利，那不算什麼；如果你擁有一顆富於同情的心，那你就會獲得許多權利所無法獲得的人心。」人心是什麼？人心即一切！得人心者得天下嘛！當然也不難賺取幾個「小錢」。人心都是肉長的。你關心別人，別人自然會關心你。你幫別人，別人自然會幫你。如果身邊的所有人都能關心你、幫助你，這世界上還有什麼事情不能完成？

有一位企業家，總結自己的成功經驗時說：「經營人心就是經營事業。假設你對所有的人好，所有的人就是你的朋友。母子關係、父子關係為什麼能稱其為母子關係、父子關係呢？因為感情投到那裡，感情投到兒子身上，投到女兒身上，因為確實是親的，你親她，他肯定親你。因此感情的培養和投入是非常必要的。我們要非常善意地對待我們周邊的人，包括我們企業的人，包括社會的人，只要有投入，肯定有產出。種瓜得瓜，種豆得豆。」

│你憑什麼讓人以公司為家│

就從「殺妻求將」的歷史典故說起吧：

故事的主人公是戰國時期的衛國人吳起，《史記》中說他從小不賢不孝，遊手好閒，但卻志向遠大，一心求取功名，可一來二去，功名沒求到不說，反倒把偌大的家業敗了個精光。鄉親們因此恥笑他，吳起一氣之下殺了 30 多個笑話他的人。後來他逃至魯國，做了孔子的高足曾參的弟子，期間他母親病故他都沒回去看一眼，因此遭到了曾參的唾棄，被開除學籍。吳起便棄文學武，學有所成後，適逢齊國人攻打魯國，魯君看重吳起的軍事才能，想任命他為將軍，但考慮到吳起的妻子是齊國人，擔心他與齊國串通，因此遲疑不決。關鍵時刻，吳起殺了自己的妻子，以表明他與齊國沒有什麼關係。魯君於是任命吳起為將軍。吳起也不負重托，一戰就把齊國打得大敗而歸。

史書上說，吳起「好用兵，與士卒最下者同衣食。臥不設席，行不騎乘，親裹贏糧，與士卒分勞苦」，用現在的話來說，就是吳起與士兵同甘共苦，不做任何特殊化，因此深受士兵的擁戴。尤其令人感動的是，有一次，一個士兵身上長了個膿瘡，痛苦呻吟，吳起見了竟親自用嘴為他吸吮膿血，全軍上下無不感動。但消息傳到那個士兵的母親耳中，她卻大哭起來。鄰居們都很納悶：「吳將軍親自為你兒子吸膿瘡，足見厚愛，這是你們家的光榮，你怎麼還哭呢？」士兵的母親止住哭聲說：「你們有所不知。他這哪是愛我的兒子啊，這分明是讓我兒子為他賣命啊！想當初吳將軍也曾為孩子他爸吸過膿血，結果以後打仗時他爸每次都格外賣力，不顧一切，最終死在了戰場上。如今他又這樣對待我的兒子，看來我的兒子也活不長了！」

關於為士兵吸膿一事，很多人認為吳起是在作秀。細細想來，其中不無道理。一個為了功名利祿連老婆都肯殺的人，當了將軍卻發自內心的愛兵如子，不管你信不信，我是不信。但我們信不信無關緊要——吳起確實這麼做了，而且這樣做的效果也相當不錯。這正是他的高明之處。吳起是個將軍，他的職責就是打仗，目的就是打勝仗。與孫子不同，他致勝的法寶不是用計，而是用兵。他深知要用好兵就必須愛兵。他認為，「將之軍，使士卒樂死，敵國不敢謀」。意思是，對待自己的士兵，如果能夠使他們樂於為你去死，那麼就能夠無往而不勝。所以，吳起不得不屢屢做出關心和疼愛士兵的樣子，從而讓更多的士兵感動，親近他，擁戴他，最終達到「士為知己者死」的境界。

兵家講究「攻城為下，攻心為上」，其中的「攻心」，並非專指攻敵人之心，也包括攻下屬的心。俗話說：三人同心，其利斷金。又說，人心齊，泰山移。如果大家心往一處想，力往一處使，還有什麼做不成的呢？

關於領導力的具體概念到底是什麼，我至今也說不準確，但我想領導力的核心也不外乎關心下屬，否則領導力便沒有了基礎，也失去了目標。作為一個主管，如果你只知道關心自己想要什麼，而不關心員工想要什麼，那麼員工也不會關心你所說的和你所期望的。作為一種關係，領導力要求領導者和他們的被領導者之間建立起一種超越於事務之上的關係，簡單地說，就是建立起心與心之間的關係。

有一次，松下幸之助在一家餐廳招待客人，一行六人都點了牛排。等大家都吃完主餐後，松下讓助理去請烹調牛排的主廚過來，他還特別強調：「不要找經理，找主廚。」助理注意到，松下的牛排只吃了一半，心想一會的場面可能會很尷尬。

主廚來了，他顯得很緊張，因為他知道今天請客的和坐客的來頭都很

大。「是不是牛排有什麼問題？」主廚緊張地問。「烹調牛排，對你已不成問題，」松下說，「但是我只能吃一半。原因不在於廚藝，牛排真的很好吃，你是位非常出色的廚師，但我已80歲了，胃口大不如前。」

見主廚和助理等人面面相覷，還沒明白過來，松下又進一步解釋：「我想當面和你談，是因為我擔心，當你看到只吃了一半的牛排被送回廚房時，心裡會難過。」

試想一下，如果你是那位主廚，而松下的身分不是顧客，是你的老闆，發生類似的事情，會有什麼感受？是不是覺得備受尊重，進而甘心情願的為他赴湯蹈火？單憑這一點，「經營之神」的稱號，松下幸之助就當之無愧。

經營企業也是一樣，你讓員工為家，憑什麼讓員工以廠為家，這廠有家的氛圍嗎？只有員工發自內心的把企業當成家才行。

本田汽車公司創始人本田宗一郎是少數意識並做到了這一點的人，他曾經說過：「有人鼓吹為國家、為企業而死，以廠為家，莫忘公司之恩等，說這些話的傢伙都應該去死！我絕不要求員工『為公司工作』，我要他們『為自己的幸福打拚』。從業人員不必要為企業而犧牲自己，而是為自己的幸福努力，工作起來才會有效率。」

▎拿什麼奉獻給他，你的員工▎

說點「專業」的吧：

身為一個靠筆桿子吃飯的人，筆者和所有「文人」一樣，沒事的時候考慮最多的就是市場上哪一類書賣得最好。哪一類？答案是管理類和職場類。前者大多是被公司管理層以團購的形式買去的，書名一般都是《沒有

任何藉口》、《你的薪資從哪裡來》、《和你的工作談戀愛》之類，這些書被採購回去之後，不管看與不看，員工人手一冊。而後者，則是被上班族買走的，書名往往是《職場潛規則》、《職場那些事》、《玩轉職場》等等。總之，大多數神經正常的主管都希望自己的員工多做點，少拿點，而大多數的員工的願望恰恰與此相反，都想多拿點，少做點……

這就導致了一個雙向的悲哀：大多數員工都少做不了，也多拿不了，大多數企業也難以讓他的員工們，沒有任何藉口地為了企業奉獻奉獻再奉獻。企業和員工們，陷入了兩敗俱傷的境地。

員工應不應該奉獻？肯定。但員工為什麼不願意奉獻？這就有多方面的原因了。比如員工的素養問題。但最重要的一點，企業不應該單方面的要求員工奉獻。想要員工奉獻，首先你得值得讓人奉獻。

我們反覆強調，經營企業就是經營人心。但經營人心為的是什麼呢？當然是效益和隨之而來的利潤。如何掌握這兩者呢？讓我們來看看美國國家罐頭食品有限公司的做法。

該公司總裁法蘭克·康塞汀說過：「我要使我的下級有這樣一個信念，就是為他們所作的工作感到自豪，甚至當這工作是擦地板時。」康塞汀說到做到。亞利桑那州的工廠成績卓著，公司立即就搭起了一個露天馬戲團，千方百計地讓員工們在工作之餘開心。結果在馬戲團建起的第一天，94 名工人的日產量達到了 100 萬個罐頭的目標。3 年以後，還是這些工人，但他們將日產量提升到了 200 萬個罐頭！按說康塞汀「先得人心再得天下」的目的已經達到了，接下來只要繼續就行了。但他沒有，為了保證員工的生命健康，公司建立了心臟保健計畫，並由 600 多名受過專業訓練的員工負責心臟緊急救護，從而成功地搶救了數位員工的寶貴生命。為了及時和員工溝通，公司還指派專人經常深入到基層與員工談話。公司

執勤人員在三更半夜時，常常能看到一個身影出現在公司，那是公司的主管專程來和那些上第三班的員工進行交談的。康塞汀給相對的主管定的目標是每年和公司裡的每個員工交談一次。康塞汀認為：「我們公司也許不會成為同行業中最大的一家公司，但是一如既往地對待職工、顧客和供應者，對我們來說就已經足夠了……我們對員工的關心花費並不大，而利益卻在員工的忠誠和高度信心下自然而然地成長。你們的任務之一就是把人性的優點運用到同員工打交道的日常事務中去。」

美國最大的串流影片公司 Netflix 總裁里德・哈斯廷斯（Reed Hastings）曾經講過這樣一件事：

10 年前，我還是個年輕人，在一家新創軟體公司上班。我工作非常賣力，常常徹夜加班寫程序。為對抗生理時鐘，我幾乎靠咖啡度日。但除了工作我基本上是個懶漢，喝過的咖啡杯往往隨手一放，沒幾天就能堆滿整張電腦桌。幸好每隔幾天，這些杯子就會被洗得乾乾淨淨，在桌上閃閃發亮。「清潔人員還挺負責的。」我想。

一天早上，我提前來上班，進入停車場後發現 CEO 的車子也在。我走進辦公室的走廊，經過茶水間時，瞥見 CEO 站在水槽前，他沒穿外套，袖子卷得高高，正在洗一堆滿是汙漬的咖啡杯。我心裡忽然閃過一個念頭：那該不會是我的杯子吧？原來過去一年多來，都是 CEO 在為我偷偷洗杯子！我心裡又尷尬，又愧疚，甚至覺得羞恥。

「您為什麼要幫我洗杯子？」我走上前去，結結巴巴地問他。

「噢，沒什麼。你工作那麼賣力，為我們做了那麼多事情，」CEO 說：「這是我所能想到的唯一能為你做的事。」

換作是你，你會為員工洗杯子嗎？

第 24 堂課
境界 —— 看重 · 看淡 · 看開

║ 站著，還是跪著 ║

錢，尤其是大量的錢，其具有的威力在某種程度上甚至比核子武器還厲害。因此，拜倒在金錢腳下從來都不是什麼新鮮事，在你身邊不出一百步的地方，相信就有這樣的人。

有些人，表面上不拜金，但心裡早已經拜倒。有些人雖沒有為錢下跪，但卻為錢拍馬屁、奴顏婢膝，這都是拜倒，本質上沒有區別。

錢是最容易令人激動的東西，錢也是最實實在在的東西。身處福利並不健全的社會，錢不僅僅是錢，而是生存的基礎，由不得人愛與不愛。但人不能跪著賺錢，每個人都應該站著賺錢，不僅僅是為了自己的尊嚴，也是為了金錢的尊嚴。

人們總是說，「錢是萬惡之源」，其實金錢何罪之有？金錢是不會思想的東西，金錢在好人手裡，只會用來做好事。金錢在惡人手裡，才會成為罪惡的幫凶。同理，一個人既可以匍匐在金錢腳下，不擇手段地去討金錢的歡心，以期可憐的施捨，一個人也可以當然也應該挺胸抬頭的去追求金錢。

這裡要仔細說說「賺錢」與「掙錢」的區別。某學者說過，「老祖宗造字已經告訴我們：『賺』字在於用錢去生錢，「貝」字旁在古代本身就代表『錢』的意思，『兼』有一身兩職的作用，是二者相互連繫的紐帶作用，用此『錢』去和另外的『錢』相連繫，豈不是賺乎？而『掙』是『手』字旁，代表勞動，『爭』是爭鬥，拚命，是用手拚命去『爭』才為『掙』。『賺錢』是心智的巧妙與鑽營，是智力的角力，是優雅的人與人之間的往來活動，是讓掏錢者心服口服，是最高級的社會經濟活動。」

而掙錢的人，境界上就大大不如，有的人委曲求全，卑躬屈膝，把人

性和尊嚴拋開，跪著、爬著，把錢賺了；有些人雖不失尊嚴，但為了錢毫無人性，爭來鬥去，東殺西砍，也把錢賺了；只有少數人，雖然貧窮，但安貧樂道，精神抖擻，站著笑著，寧可貧窮一生也不做金錢的奴隸。古人云，「君子愛財，取之有道」，人要學會追逐金錢，有些時候，人也要學會放棄金錢。我們必須看重某些東西，同時又必須看淡某些東西。做個有素養的人，遠比做個有錢人更加重要。

人們往往以一個人對待金錢的態度區別他是「君子」或是「小人」。其實一個人成為君子還是小人，很大程度上也受能力的影響。比如古代的陶淵明等人，他們之所以受窮，並不是沒有能力，而是不屑為之。而有些小人之所以行其小人之舉，卻是一種「無奈」 —— 他沒有本事，只能靠鑽營過活。常言道，「有頭髮誰願意做禿子」，如果他們有了本事，又何須如此？從這一點上說，跪著賺錢的人也不容易。既如此，何不練些真本事，堂堂正正地把錢賺到手？

求財，還是求福

賺錢無疑是為了使生活過得更舒適些，可奇怪的是，生活中不僅大多數沒賺到錢的人為錢煩惱為錢憂，很多已經賺到了錢甚至錢已經多到了八輩子花不完的富人，他們也從始至終在為賺錢而煩惱。

沒有錢是萬萬不能的，但僅僅有錢則是遠遠不夠的。西方有一句諺語：財產越多，好夢越少；妻子越多，安寧越少；女僕越多，貞潔越少；男僕越多，治安越亂。金錢，在帶來了極大安全感的同時，也帶走了我們的快樂。為了賺錢，我們早上六點多就等在了捷運站、公車站；為了賺錢，我們上班時不敢大意一秒鐘；為了賺錢，我們凌晨一點了還在加班；

為了賺錢，我們沒有星期六和星期天，甚至除夕都在奔波的路上……而結果卻是，大多數人都沒賺到多少錢，只有一大堆的煩惱。

其實，先哲們早就看透了這一點。生活中，人們經常說：「您可真是個有福之人！」有福，這是人們的終極追求，雖然其中必然少不了「有錢」作為支撐，但有錢絕對不等於有福。

也許是機緣巧合吧，筆者著實見過幾個有錢人。嚴格來說，他們擁有的絕不僅僅只是金錢，還有地位和權力，但是在我看來，他們未見得有多大的福氣。其中有一位張老闆，資產上億，但每天出門都隨身帶著注射器和胰島素，隔幾個小時就給自己注射一支；還有一位周老闆，錢多，老婆也多，相對的孩子也就多，用他的話說，「幾個窩的小雜種們，都他媽的惦記著我的錢，誰也沒有想過給他老爸泡過一杯茶」……

與此相對，我也認識不少雖然沒什麼錢但很幸福的人。由於職業的原因，筆者經常伏案寫作到深夜，我周圍的鄰居都知道。其中有些人很羨慕我，認為我雖然賺不到什麼錢，但至少養家糊口沒問題，但也有人不認同，「那個工作，給我多少錢我也不做，有錢難買踏實睡一覺！」

有錢難買踏實睡一覺！說得多好！人生來不是賺錢的，但人是必須睡覺的。賺錢與睡覺，應該兩不耽誤。賺錢是一輩子的事情，而睡覺則是決定你的一輩子有多長的事情。

歷史上有一則著名的禪宗公案：

一個弟子問唐代高僧大珠慧海禪師：「和尚修道，還要用功嗎？」

慧海回答：「當然。」

弟子又問：「那麼，應該如何用功呢？」

慧海說：「這很簡單。當我們感到飢餓時就吃飯，感到睏時就睡覺。」

　　弟子疑惑不解，接著問：「天下之大，有誰不是餓了吃，睏了睡？難道說他們都在用功修道嗎？」

　　慧海說：「當然不是。很多人吃飯不用心吃，有很多要求；很多人睡覺不好好睡，滿腦袋胡思亂想。」

　　什麼是福？平常心就是福。連繫我們的主題 —— 金錢或財富 —— 平常心就是說人應該以平和的心態去追求錢，既不屈膝崇拜，捨命相搏，也不視錢如糞，故作清高。

　　然而平常心，實在不是平常人所能擁有的。正如公案中的禪師所說，生活中的大多數人都為錢食不知味，睡不安寢，即使他擁有了很多的錢。

　　美國石油大王曾經是這個世界上最成功最有錢的人。用他的話說，這源自於他從小就想賺錢而且始終在全心全意地追逐他的目標。在他的朋友們的印象中，除了生意上的好消息，沒有任何事情能令洛克斐勒展顏歡笑。當他做成一筆生意，賺到一大筆錢時，他會高興得把帽子摔到地上，痛痛快快地當場舞上一曲。可是他一旦失敗的話，他就會隨之病倒。

　　病倒並沒有影響洛克斐勒賺錢。可惜就在洛克斐勒的事業達到頂峰，傲世的財富像岩漿一樣源源不斷地流入他的保險庫中時，一波強似一波的敵意和唾罵向他襲來，有人把他的塑膠像吊在樹上發洩怒火，還有人寫信威脅要取他的性命。

　　洛克斐勒立即雇來了大批保鑣，然後以諷刺的口吻回敬那些反對他的人：「你儘管踢我、罵我，但我還是會按照我自己的方式行事。」但他的身體根本不爭氣，確切地說，他非常在意那些信件，他開始失眠、憂慮，身體每況愈下，心情也越來越糟。他只好尋求醫生的幫助，醫生竭盡全力，卻始終找不出導致他失眠、消化不良、脫髮、全身疼痛和精神崩潰的病因。

　　不過這個高明的醫生最終還是為洛克斐勒開出了藥方，並且成功地挽救了洛克斐勒的生命。醫生說，你只有兩個選擇，生命，或者財富。你必須在退休和死亡之間做出抉擇。

　　他選擇了退休，之後積極配合醫生治療，內容包括避免煩惱、放鬆心情、多做戶外運動、注意節食等等。此外，他還鼓勵洛克斐勒和人交朋友，他認為洛克斐勒沒有任何一個朋友，他所謂的朋友，其實都是以金錢關係維繫的夥伴。於是洛克斐勒嘗試著和鄰居一起聊天、打牌、唱歌，同時他開始反思，開始為別人著想，開始考慮捐錢。後來，他相繼捐建了一些教堂和學校，幫政府消滅了十二指腸蟲，資助科研事業，正是在他的金錢的資助下，科學家發明了盤尼西林（Penicillin，即青黴素）以及其他多種新藥。

　　總之，洛克斐勒前半生為了賺錢做了很多惡事，至少他的競爭者們這樣認為；後半生他一共捐助了約 5 億 5 千萬美元，做了無數善事，不僅贏得了世人的尊重，也挽救了自己即將結束的生命，並把它延長到了讓大多數地球人可望而不可及的長度 —— 98 歲！

　　求財，還是求福？洛克斐勒是少數處理好了這種關係的人。在金錢和幸福之間，你將如何求得平衡呢？

▌要錢，還是要命▌

　　人類有一個最大的敵人，那就是欲望。很多人生活得那麼痛苦，缺乏幸福感，並不僅僅是因為缺錢，而是被各種無休止的欲望所折磨。由於控制不住欲望，於是順理成章地在欲望的鼓惑下，義無反顧地投身於物欲橫流中。古人云，魚與熊掌不可兼得，得到的同時，就必然意味著我們有可

能失去些什麼，比如健康和生命。每一個成功的企業家都需要為成功付出相對的努力。實際上也正是靠著「拚命三郎」式的精神和工作方式，他們才能夠從芸芸眾生中脫穎而出，在財富路上一馬當先。然而，做「拚命三郎」的代價未免太過沉重。他們的成功，幾乎都伴隨著身體狀況的每況愈下，直至崩潰、過勞死。

據說，IBM 前總裁很早就被診斷出患有心臟病，但他拒絕入院。為了說服他，醫生特意帶他到墓地「洗腦」，看著林立的墓碑，華生豁然超脫，第二天便遞上了辭呈，開始了全新的生活。難道我們一定要等到醫生提醒時才能醒悟、才肯超脫嗎？誠然，「天道必定酬勤」，勤奮是成功的必經之路。但是，成功同樣離不開健康的身體。而且，如果健康不再，成就再大又能怎樣？永遠不要忘了，健康是 1，抹掉這個 1，成功、金錢、快樂等等這一切都會歸 0。只有健康才是最大的生命意義，無論何時何地，我們都要看重自己的健康。任何事情，都要以不影響身體健康為前提。

沒有任何財富，能勝過身體的健康；也沒有任何快樂，能超過內心的喜悅。巴菲特說過：「習慣的鍊條在重到斷裂之前，總是輕到難以察覺！」這是投資的原則，人生的原則，也是健康的原則。世上有賺不完的錢，但人生苦短。很多人並非不懂這些，只是他們已經習慣了奮鬥，習慣了把明天後天大後天的工作提前提前再提前，但他們的身體遠不像他們的意志那麼堅韌。很多時候，他們是在苦撐，直到撐不住的那一天。

人們往往用日理萬機、夜以繼日來形容那些身居高位、事業有成者的生活狀態。事實上，做主管的、做富翁的，真的比我們這些普通人更辛苦嗎？或者說，他們應該這樣辛苦嗎？其實，不論是主管也好，普通人也罷，勤奮都是必須的，但勤奮不是像機器那樣沒日沒夜地轉個不停。更何

況，機器還有個維修的時候，人也必須做到有勞有逸。該拚一把的時候，必須拚一把；該休息的時候，也必須休息。

　　總之，健康是一切的載體，沒有了健康也就沒有了一切。我們要學會在創造財富的同時創造健康，讓我們的健康和財富相匹配，才不失我們追求財富的初衷，才不枉人間走一遭。否則，財富越多，遺憾也就越多。

名言佳句

貧窮鍾情於那些安於貧窮的人，同樣，財富垂青於那些張開雙臂歡迎它的人。

雖然我不能成為富人的後代，但我可以成為富人的祖先。

財富是無所不在的。而這種無限的寶藏，正是深藏於我們內在的潛意識中。

開始別無他法，只能以勤補拙。別人做 8 個小時，我就做 16 個小時。

天才就是百分之九十九的汗水加百分之一的靈感。

無論做什麼事情，只要肯努力肯奮鬥，是沒有不成功的事情。

正確的道路是這樣，吸取你的前輩所做的一切，然後再往前走。

如果你一事無成，這不是你父母的過錯，不要將你應承擔的責任轉嫁到別人的頭上，而要學會從失敗中吸取教訓。

先滿腦袋，再滿口袋。腦袋滿了，口袋自然也就滿了。如果腦袋不滿，滿的口袋也會漏空。

無論你有多少知識，假如不用便是一無所知。

千萬不要嘲笑「先敬羅衣後敬人」的社會風俗。我們進行應酬時，應該面對現實，要推己及人，不然的話，一定會遭受失敗。

請各位注意，千萬不要把心裡的愁雲擺在臉上。無論飯店本身遭遇的困難如何，希爾頓飯店服務員臉上的微笑永遠都應該是最燦爛的。

一個處於形象經濟時代的好企業，它在顧客心目中的影響，人們所能見到的只不過是冰山一角，其大部分深藏在顧客心中。

倘若你想達成目標，便得在心中描繪出目標達成後的景像；那麼，夢想必會成真。

善於識別與把握時機是很重要的一件事。在所有大事業上，人在開始做事之前要像千眼神那樣察視時機，而在行動時要像千手神那樣抓住時機。

沒有人天生就會說話，臺上的演講大師也不是一下子就能出口成章。罵人的時候很擅長、抱怨的時候也很擅長，這也是口才，只是沒有任何營養罷了，那是沒有價值的口才。

上帝為何給我們兩個耳朵一張嘴？我想，意思就是讓我們多聽少說！

一個人的成功，15% 要靠他的專業知識和技能，85% 要靠他的口才和社交能力。

你的選擇是做或不做，但不做就永遠不會有機會。

哲學家們告訴我們，做我們所喜歡的，然後成功就會隨之而來。

如果你希望成功，就以恆心為良友，以經驗為參謀，以謹慎為兄弟吧！

對產品品質來說，不是 100 分就是 0 分。

我很少拔出劍來，我只用我的眼睛，而不是武器，來贏得了勝利。

品牌是一個企業的文化和一個民族精神的展現。產品中能夠凝聚企業員工的精神和靈魂時，名牌就會產生。

能用眾力，則無敵於天下矣；能用眾智，則無畏於聖人矣。

人類較為卑劣的天性之一就是脾氣暴躁，人類要是發脾氣，就等於在人類進步的階梯上倒退了一步。

要求他人都配合我們的脾氣，那是很愚蠢的事。

做一個印度人是一個真正的優勢……如果你從小在一個有三百多種語言和少數民族的國家長大，你將學會如何消除分歧，達成妥協。

期望你們年輕的世代，能像蠟燭為人照明，有一分熱，發一分光，忠誠而踏實地為人類偉大的事業貢獻自己的力量。

你必須努力，沒有魔術能讓一個人一夜致富，成功是不懈努力的結果。

會賺小錢的人才是真正的賺錢人，尤其是在資本市場。

艱難之日要堅定，順利之日要謹慎。

一個人一生只做一件事，肯定比三年做東、五年做西的人更容易成功。

對於一艘盲目航行的船來說，所有的風都是逆風。

做企業就好比燒開水，你把這壺水燒到 99℃，只差 1℃就開了，卻突然心血來潮，覺得那壺水更好，把這邊擱下不燒了，跑到那邊另起爐灶，結果新的一壺沒燒開，原來那壺也涼了。

富士康創新的四個階段─垂直整合、逆向整合、橫向整合、多元整合。

經理的工作，就是要將系統裡的各成員加以整合，以達成組織設定的目標。

運氣是當機會來臨的時候，你已經做好了準備。

如果你想要別人喜歡你，如果你想要他人對你產生興趣，你要注意的一點是：談論別人感興趣的事情。

假如今日，如果沒有那麼多人替我做事，我就算有三頭六臂，也沒有辦法應付那麼多的事情，所以成就事業最關鍵的是要有人能夠幫助你，樂意跟你工作，這就是我的哲學。

一個人的力量到底是有限的，就算有三頭六臂，又辦得了多少事？要成大事，全靠和衷共濟，說起來我一無所有，有的只是朋友。

要挖洞，就要挖大洞；要借錢，就要借大錢，不要到處借小錢。

人在逆境中比在順境中更能堅持不屈，遭厄運時比遇好運時更容易保全身心。

我們也會有恐懼和貪婪，只不過在別人貪婪的時候我們恐懼，在別人恐懼的時候我們貪婪。

大街上血流成河的時候，恰恰是最好的投資時機。

機不可失，時不再來。

賺錢靠機遇，成功靠信譽。

人生富有機會和變化，人在最得意的時候，有最大的不幸來臨。

人生就像一場大火，我們每個人唯一可以做的就是從這場大火中多搶救一些東西出來。

在激烈競爭的市場上，誰掌握住了速度，誰就能最先占領發展的陣地。

在競爭當中，個人的野心往往會促進公共的利益。

在競爭激烈的世界中，你付出多一點，便可贏得多一點。

走得多緩慢都沒有關係，重點是，你不要停下腳步。

天下絕無不熱烈勇敢地追求成功，而能取得成功的人。

投資的第一條準則是不要賠錢；第二條準則則是永遠不要忘記第一條。

用時不愛惜，就會損壞；做時不慎重，就會失敗。

永遠戰戰兢兢，永遠如履薄冰。

一粥一飯，當思來處不易；半絲半縷，恆念物務維艱。

資本增加的直接原因是節儉，不是勤勞。誠然，沒有節儉以前必須先有勤勞，節儉所積蓄的東西都是由勤勞得來。但如果只有勤勞，沒有節儉，有所得而無所留，資本則不能增加。

花錢就像炒菜放鹽一樣，必須恰到好處。鹽少了，淡而無味；鹽多了，苦鹹難咽。

你可以接管我的工廠，燒掉我的廠房，但只要留下我的那些人，我就可以重建 IBM。

人才是事業的基礎。

手指髒了，應該把手指洗乾淨，只有蠢人才把手指割掉。

只有不斷找尋機會的人才，才會及時把握機會。

管理是一種嚴肅的愛。

人多力量大，柴多火焰高。

卓有成效的管理者，擅長用人才之長處。

除非你能管理「自我」，否則你不能管理任何人或任何東西。

現代人最大的缺點，是對自己的職業缺乏愛心。

有非凡志向，才有非凡成就。

金錢是個好僕人，但在某些場合時，也可能會變成壞主人。

愛你的員工吧！員工也會百倍地愛你的企業。

當我們正在為生活疲於奔命的時候，生活也正在離我們遠去。

金錢可以是許多東西的外殼，卻不是裡面的果實。

厚財富就是這麼簡單：

真實案例、警世名言、逆勢妙招，二十四堂財富課讓你成為有錢人最稱讚、貧凡人最崇拜的後天財神！

作　　者：丁政，李倩

發 行 人：黃振庭

出 版 者：財經錢線文化事業有限公司

發 行 者：財經錢線文化事業有限公司

E-mail：sonbookservice@gmail.com

粉 絲 頁：https://www.facebook.com/
　　　　　sonbookss/

網　　址：https://sonbook.net/

地　　址：台北市中正區重慶南路一段六十一號八
　　　　　樓 815 室

Rm. 815, 8F., No.61, Sec. 1, Chongqing S. Rd.,
Zhongzheng Dist., Taipei City 100, Taiwan

電　　話：(02)2370-3310

傳　　真：(02)2388-1990

印　　刷：京峯彩色印刷有限公司（京峰數位）

律師顧問：廣華律師事務所 張珮琦律師

定　　價：320 元

發行日期：2022 年 10 月第一版

◎本書以 POD 印製

國家圖書館出版品預行編目資料

厚財富就是這麼簡單：真實案例、
警世名言、逆勢妙招，二十四堂財
富課讓你成為有錢人最稱讚、貧凡
人最崇拜的後天財神！/ 丁政，李
倩著 . -- 第一版 . -- 臺北市：財經
錢線文化事業有限公司 , 2022.10
　面；　公分
POD 版
ISBN 978-957-680-521-9(平裝)
1.CST: 成功法 2.CST: 財富
177.2　　111015431

電子書購買

臉書